アンネ・フランク

執筆
　アン・クレイマー

翻訳
　小木曽絢子

装丁
　松吉太郎デザイン事務所

ビジュアル版　伝記シリーズ

アンネ・フランク

2008年5月20日　第1刷発行
2016年11月1日　第3刷発行

発行者　落合直也
発行所　BL出版株式会社
　　　　　〒652-0846　神戸市兵庫区出在家町2-2-20
　　　　　tel.078-681-3111
　　　　　http://www.blg.co.jp/blp

Japanese text © 2008　OGISO Ayako
NDC289 64p 26×19cm
Printed and bound in China　ISBN978-4-7764-0278-7 C8323

Anne Frank by Ann Kramer
Edited and designed by Marshall Editions
Copyright © Marshall Editions 2007
All rights reserved.
The Japanese translation rights arranged with Marshall Editions
c/o Quarto Publishing through Japan UNI Agency, Inc. Tokyo

表　　紙◆アンネ・フランク
　　　　　Getty Images/Anne Frank Fonds, Basel/Anne Frank House, Amsterdam
前ページ◆アンネ・フランクが13歳の誕生日に父からプレゼントされた日記帳。
　　　　　アンネはほとんど毎日、日記を書いた。
右ページ◆アンネが11歳の1940年頃にとられた写真。場所はアムステルダムの自宅まえ。

アンネ・フランク

――短い生涯を日記に残した少女――

著=アン・クレイマー　訳=小木曽絢子

BL出版

目　次

幼い頃のアンネ

銀のネックレス	8
ヨーロッパのユダヤ人	10
知りたがりやの女の子	12
フランクフルトを出る	16

普通の暮らし

新しい生活	20
学校に入学	22
たくさんの友達	24
クリスタルナハト	26
思春期へ	28
戦争と侵略	30

３ 秘密の隠れ家

隠れ家へ	34
隠れ家での生活	36
大人の女性へ	40
ホロコースト	42
作家になりたい	44

発見と強制輸送

発見される	48
ヴェステルボルク収容所	50
死の収容所——アウシュヴィッツ	52
ベルゲン・ベルゼン	54
死	56
日記の行方	58
用語解説	60
参考文献／索引	62

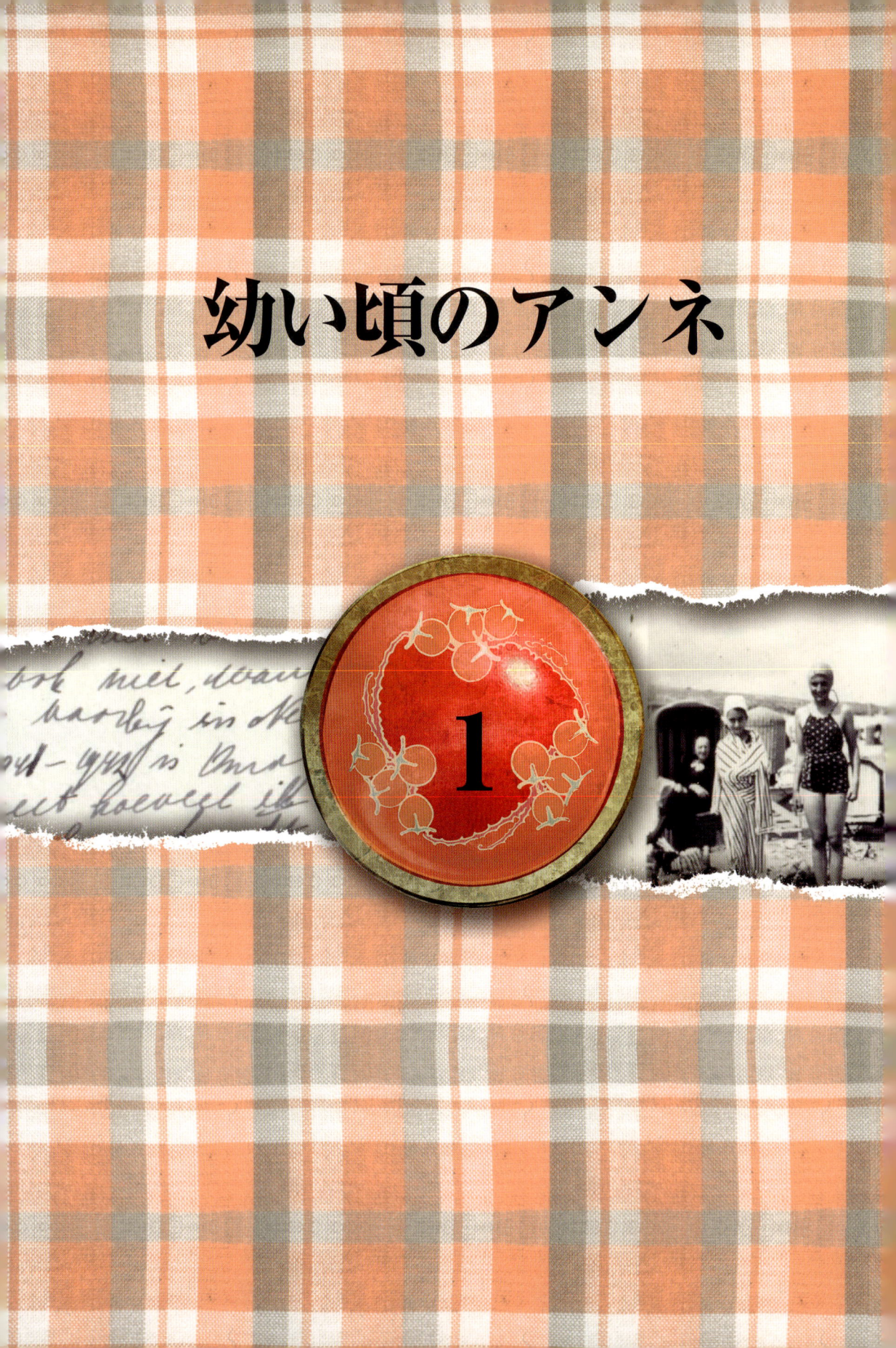

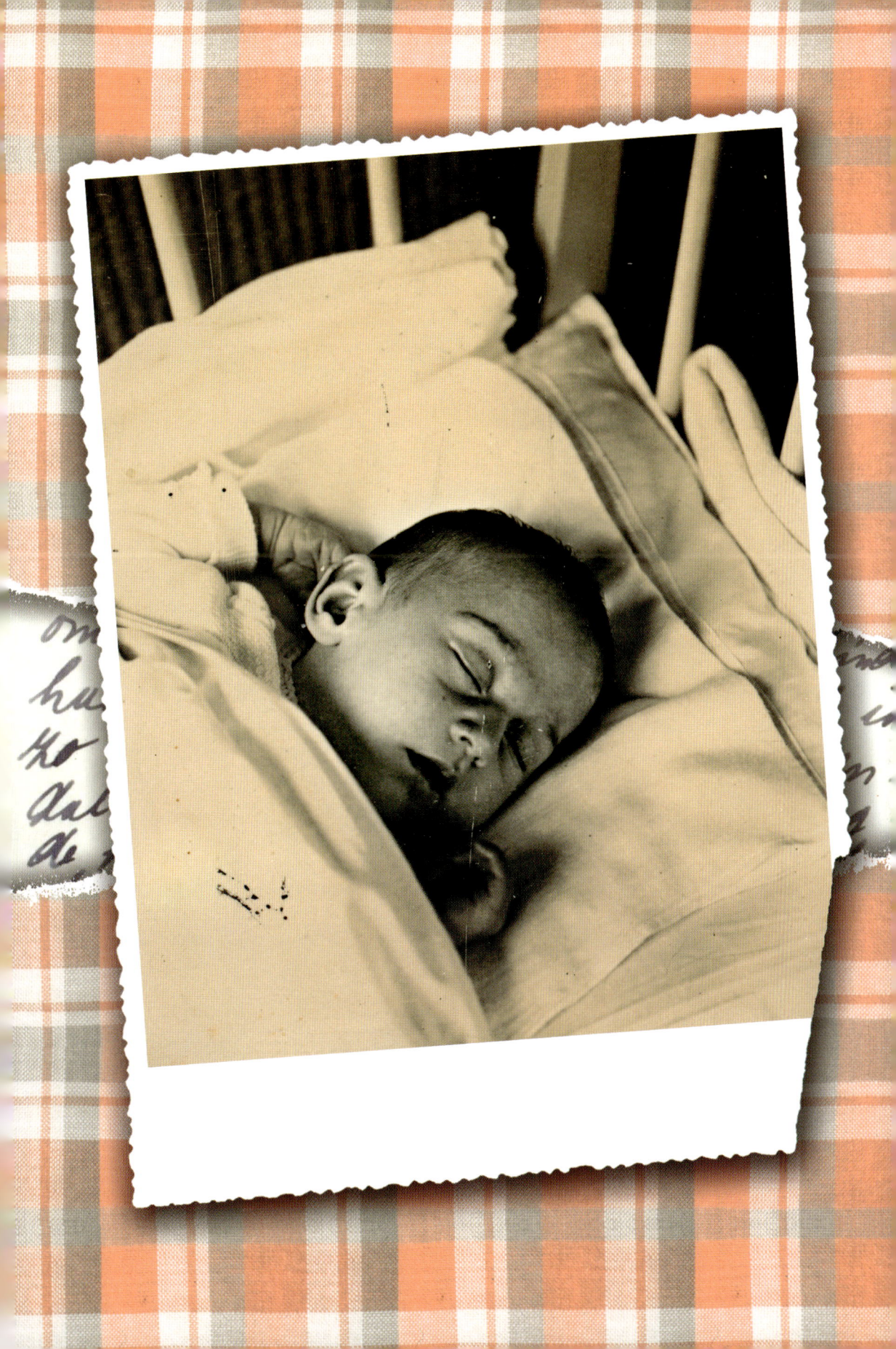

8　幼い頃のアンネ

銀のネックレス

アンネ・フランクは、第2次世界大戦（1939〜45）下のヨーロッパを生きたユダヤ人の少女だ。ナチスの迫害から逃れるため、家族といっしょに隠れ家で暮らしたアンネは、毎日の出来事を日記に書いた。そして強制収容所でわずか15年の短い生涯を終えたが、あとに残った日記は世界中に知られるようになった。

　アンネは1929年、ドイツのフランクフルトで生まれた。フランク家は中流のユダヤ人家庭で、父のオットーはものしずかな、思慮深い人だった。アンネはそんな父を、生涯、慕いつづけた。父方の祖母はアリーセ・フランク・シュテルンといい、一族は400年以上にわたってフランクフルトで暮らしていた。
　父は4人兄弟で、兄はローベルト、弟はヘアベルト、妹は愛称レーニといった。アンネの日記には、父は「お金持ちのお坊っちゃんとして育てられた」とある。

前ページの写真◆ベビーベッドで眠るアンネ。生まれてすぐに父が撮影したもの。

左◆アンネの父と母は、アーヘンにあるこのユダヤ教会で結婚した。父のオットーは36歳、母のエーディトは25歳。すばらしい結婚式だった。

1889年4月20日
のちにドイツの独裁者になるアドルフ・ヒットラーがオーストリアで誕生。

1889年5月12日
アンネの父オットー・フランクが、ドイツのフランクフルト・アム・マインで誕生。

フランクフルトの家のバルコニーで、藤椅子に座った姉マルゴーが赤ん坊のアンネを抱いている。1929年撮影。

ユダヤ人小路

アンネの先祖は、フランクフルトのユダヤ人小路と呼ばれる居留地（ゲットー）に住んでいた。ここは1460年に、キリスト教徒からユダヤ人を引きはなすために作られた地区で、石畳の路地には3か所に門があり、夜は閉じられた。1500年代には3000人ほどのユダヤ人がこの居留地に住んでいたが、19世紀後半には閉鎖された。

父のオットーが育った家は大きく、よくパーティーも開かれた。オットーはきちんとした教育を受け、とりわけ美術や文学を愛した。一時期、ニューヨークのメイシー百貨店に勤めたこともあるが、父親の死後はドイツに戻って家業の銀行をつぎ、第1次世界大戦（1914～18）ではドイツ軍に入隊して、中尉にまでなった。

1924年、オットーはエーディト・ホーレンダーと出会った。エーディトはいまふうのおしゃれな女性で、ホーレンダー家はアーヘンで製造業をいとなむ裕福な家庭だった。エーディトも美術や音楽が好きで、オットーと同じように4人兄弟だった。1925年、オットーとエーディトは結婚し、翌年、長女のマルゴーが生まれる。

最初のうち、一家はオットーの母や兄妹と暮らしていたが、1927年、フランクフルトのマルバッハヴェーク307番地の広いアパートに引っ越した。そこで生まれた2番目の娘がアンネリース・マリーで、短くアンネと呼ばれるようになる。アンネは生まれたとき、ペンダントのついた銀のネックレスを贈られたが、そのペンダントには「幸運のお守り」という言葉と誕生日の日付がきざまれていた。

1900年1月16日
アンネの母エーディト・ホーレンダーがドイツのアーヘンで誕生。

1914～18年
第1次世界大戦。オットー・フランクはドイツ軍に入隊。勇敢だという評判をとり、中尉になる。

ヨーロッパのユダヤ人

アンネが生まれた頃、ヨーロッパには900万人以上のユダヤ人が暮らしていた。東ヨーロッパの一部地域では、ユダヤ人は厳格にユダヤ伝統の法律（ユダヤ法）を守り、イディッシュという独特の言語を使ったので、自分たちだけで違う場所に住むことが多かった。しかし、それ以外のドイツ、フランス、ハンガリー、オランダなどでは、住民とまじって同じ暮らしをした。なかにはユダヤ法を厳格に守る正統派の人々もいたが、アンネの家族のように、ドイツのユダヤ人の多くは自由派とか改革派と呼ばれ、それほどユダヤ法にはこだわらなかった。こういう人々はおもに都市に住んでいて、ユダヤ教会に通い、ユダヤ教できめた食べ物を口にして、過ぎ越しの祭やハヌカー祭、贖罪の日のようなユダヤ教の祭日は祝ったが、公立の学校に通ってユダヤ人以外の人々ともまじわった。

といっても、ヨーロッパのユダヤ人の暮らしは、あまり楽ではなかった。数世紀にわたって反ユダヤ主義にさらされ、町から町へ移り住んだり、キリスト教徒から引きはなされてユダヤ人居留地に住むことを無理じいされた時代もあった。19世紀の中頃になると、ドイツに住むユダヤ人は、他の人々と同じ法律上の地位を手に入れた。

ところがここに、これまでに例のないほど残酷な形で、反ユダヤ主義がふたたび現われたのだ。1919年に新しく結成された過激な政党は、1920年、ドイツ国家社会労働党（ナチ党）になった。党首のアドルフ・ヒットラーはユダヤ人を毛嫌いし、ヒットラーの指示のもと、ナチ党はユダヤ人を迫害しはじめた。

右◆ユダヤ人には律法が一番神聖な文書だ。ここに書かれている十戒は神から与えられたものだとされている。

ユダヤ教会

ユダヤ人は礼拝と勉強のためにユダヤ教会に通う。ラビ（先生）は宗教儀式を行い、ユダヤ人の子どもに勉強を教える。この写真はベルリンの教会だが、ドイツにはユダヤ教会がほかにもたくさんあった。ヨーロッパのユダヤ人のなかには、週に3回ユダヤ教会に通う人々もいたが、普通は安息日の土曜日だけ教会に行った。

1933年のヨーロッパ。ユダヤ人が最初にヨーロッパに来たのはほぼ2000年まえで、1933年には950万人のユダヤ人がいた。そのうち300万人がポーランドで、50万人以上がドイツで暮らしていた。

過ぎ越しの祭はユダヤ教の重要な祭日。神が古代エジプト人を罰したとき、印のあるイスラエル人の家は通り過ぎたことを記念する日だ。ヨーロッパ中のユダヤ人が、ろうそくに火を灯して特別なごちそうを食べ、家族とともに過ぎ越しを祝う。ユダヤ人の生活では、家族は重要な役割を持っている。

12　幼い頃のアンネ

知りたがりやの女の子

　フランク一家の最初の家は、近代的なアパートだった。窓にはシャッターがつき、裏手にはバルコニーもある。母は、窓やバルコニーをたくさんの鉢植えで飾り、部屋は母の骨董家具や本であふれた。

　歩くようになるまえから、アンネは活発で知りたがりやの子どもだった。母はアンネのベビーベッドをよくバルコニーに出したが、そんなときのアンネはまわりのようすをきょろきょろと好奇心いっぱいに眺めた。父方のフランク家はみんな仲よしで、アンネたちは祖母の家にちょくちょく遊びに行ったし、いとこたち——アンネより少し年上のバディーとシュテファン——もよく遊びに来た。

　あるときのこと、バディーとシュテファンがアンネをベビーカーに乗せて外へ出て、それを押しながら道で競走をした。するとベビーカーが縁石にひっかかり、アンネは外へ放り出された。さいわい、アンネは怪我をせずにすんだ。

　また、シュテファンはサイレント映画のスター、チャーリー・チャップリンのまねをしては、しょっちゅうアンネやマルゴーを笑わせた。週末になると、アンネたちは母の実家を訪ねたり、日帰り旅行に出かけたりした。

　アンネもマルゴーも、こうして幸せな毎日を送っていたが、家の外の世界は、けっしておだやかではなかった。ドイツは経済の状況が悪化して、貧困に苦しむ人が増えていた。

突撃隊

1921年、アドルフ・ヒットラーはナチ党のなかに「強襲部隊」を作った。これは突撃隊またはSAと呼ばれ、茶色の軍服にナチ党のシンボルの「かぎ十字」をつけた。1920年代後半には、この突撃隊が街なかでユダヤ人にいやがらせをしたり、おどしたりした。

1919年
アドルフ・ヒットラーが、のちにナチ党になるドイツ社会党に入党。1921年、党首になる。

1923年
ヒットラーはミュンヘンでクーデターを起こすが、失敗。5年間の懲役をいい渡される。

知りたがりやの女の子

> 「彼女［アンネ］は明るくて活発な、よく遊ぶ子でした。
> それにものわかりもよくて、利口でした」
> ——アンネのいとこのバディー・エリーアスがインタビューにこたえて——

政治では、ナチ党が支持を伸ばし、1927年には4万人ほどだった党員が、33年には200万人にふくらんだ。アドルフ・ヒットラーはユダヤ系の人々を非難する演説をくりかえし、ナチ党は反ユダヤの感情をあおりたてる宣伝をした。

アンネたちが住んでいたアパートの家主はナチ党を支持していたので、自分のアパートにユダヤ人がいることが気に入らなかった。1931年3月、アンネが2歳になる頃、一家はアパートを出るしかなくなった。

引っ越し先はガングホーファシュトラーセ24番地にあるアパートで、このあたりは「詩人地区」とも呼ばれていた。

父オットーと娘たち。左側がマルゴーで右がアンネ。姉妹の性格は正反対で、姉のマルゴーは無口な恥ずかしがりや、妹のアンネはおしゃべりで、いつも何か質問していた。

1925年5月12日
オットー・フランクとエーディト・ホーレンダーがドイツのアーヘンで結婚。

1925年7月18日
ヒットラーが『わが闘争』を出版し、そのなかでユダヤ人はヨーロッパから排除すべきだと語る。

14 幼い頃のアンネ

アンネが砂箱の中に立ち、横には母エーディトがいる(フランクフルト、1931年)。
写真をとるのが趣味だった父は、娘たちの写真をたくさんとり、幼い頃の出来事をすべて記録した。残っている何枚もの写真から、アンネの小さい頃の様子がよくわかる。

作り話

父のオットーは娘たちによく作り話を聞かせて楽しませた。アンネはとくに、父が話す架空の2人の娘——いいパウラと悪いパウラ——の物語が好きだった。ずっとあとになって、アンネはこの2人の物語を自分でも書いている。

新しいアパートは、まえより狭かったが、大きな庭があって、アンネとマルゴーはよくそこで遊んだ。

近所には子どもが多く、友達もたくさんできたので、みんなでわいわい騒いで遊んだ。雪が降ると、そり遊びをしに近くの丘まで出かけ、マルゴーはまだ小さなアンネをそりに乗せて引いた。

反ユダヤの感情が高まったといっても、アンネたちの暮らしはとくに変わらなかった。マルゴーは1932年に小学校へ入学すると、学校が大好きになって、ほかにもユダヤ教について学ぶ教室へ通った。母の実家はアーヘンでも名のあるユダヤ系一家で、母自身、とても信心深かった。毎週きちんとユダヤ教会に通い、ユダヤの戒律どおりに料理したものしか食べなかった。

1926年2月16日
マルゴー・ベティ・フランクがドイツのフランクフルトで誕生。

1929年6月12日
アンネリース・マリー・フランク(アンネと呼ばれる)がドイツのフランクフルトで誕生。

しかし、父のオットーはもっと自由な考え方をし、マルゴーやアンネに、ユダヤ教以外の宗教や信仰についても学ぶようにいった。だからアンネたちには、ユダヤ教を信じる友達のほかに、カトリックやプロテスタントの友達もいた。マルゴーは、カトリックの友達といっしょに聖体拝領の式に出席したこともある。

父は教育熱心な人だった。娘たちには趣味をもつように、いろんなことに関心をもつようにいい、2人が文字を読めるようになると、増える一方の自分の本を好きなだけ読みなさいとすすめた。父は娘たちを、偏見のない、知識の豊かな人間に育てたかったのだ。しかし、この頃、父の銀行の事業は傾きかけていた。アパートの家賃が高すぎたので、一家は1933年から、ふたたび父方の祖母の家で暮らすことになる。

アンネ（左から3番目で立っている）には親戚や友達が多かった。姉のマルゴーは右から4番目。一番左で腹這いになっているのが、アンネが大好きだったいとこのバディー。

1929年10月
ニューヨークで株価が暴落し、1931年から世界的な大恐慌になる。

1930〜33年
ドイツでは、過去にない立法の政治が行われ、民主主義はむしばまれる。

16 幼い頃のアンネ

フランクフルトを出る

フランク一家は普通の生活を続けようとしたが、ドイツの社会状況はますます悪くなっていった。失業者が増えて、ヒットラーとナチ党が勢力を拡大していく。

ヒットラーは、ユダヤ人と共産主義者がドイツの悪なのだといって非難し、国民の多くがそれに同意した。ナチ党の思想の中心にあったのは「民族」という考えで、自分たちのような北ヨーロッパ白人種が、ユダヤ人をはじめとするあらゆる人種より優れていると信じた。ユダヤ人を、ユダヤ教を信仰する人々というよりも、ひとつの「民族」として考えたのだ。1932年の国政選挙では、ナチ党が37パーセントを得票して国会の第1党になり、アンネの町フランクフルトでも、ナチ党が地方選挙で勝利した。ナチ党はそれを祝って、反ユダヤのデモ行進をした。

1933年、ヒットラーは大統領の指示で内閣を発足させ、首相になった。そしてまもなく、民族国家保護法と授権法という法令を議会に

1933年、ニュルンベルクでの、ナチス突撃隊の行進。

1933年1〜3月
アドルフ・ヒットラーがドイツの首相に。ゲシュタポ——秘密の国家警察——が組織される。

1933年3〜4月
ドイツでユダヤ人の事業が排斥され、ユダヤ人の教師や公務員も解雇される。

1930年代のヒットラー青少年団（ヒットラー・ユーゲント）の集会。ヒットラー青少年団は1926年に、ユダヤ人以外の10歳から18歳の青少年を集めて結成された。目的は、ナチ党の思想を教えこむことだ。1928年には、少女の組織も作られた。

通して独裁者になった。この2つの法令は、国民から表現の自由や報道の自由といった基本的人権を奪うものだった。ヒットラーはまた、さまざまな反ユダヤ人法も導入しはじめた。ユダヤ人が事業をすることは認められず、ユダヤ人の子どもは他の子どもたちと同じ学校に通うことを禁じられた。

これ以上ドイツで暮らすのは危険だと感じたアンネの父は、家族を連れて国外へ移住する計画を立てた。すると、スイスで会社を経営していたエーディトの兄弟が、オランダのアムステルダムに支店を開いてはどうかとすすめてくれた。ゼリーの材料のペクチンを販売する、オペクタという名の会社だ。

父がアムステルダムに行って家を探すあいだ、母エーディトとアンネ、マルゴーはアーヘンの母の実家で暮らした。そして1933年12月、母とマルゴーは一足先にアムステルダムへ行き、アンネは2か月後に家族に合流する。

ドイツを去る

1933年には、6万3000人のドイツ系ユダヤ人が国外へ避難した。アンネの家族のほか、アンネの伯父のローベルトとヘアベルトはそれぞれフランスとイギリスへ行き、祖母のアリーセ、叔母のレーニとその夫のエーリヒ、いとこのバディーとシュテファンは、1931年にスイスのバーゼルに移住した。第2次世界大戦が終わると、そのなかで生き残った人々が、アンネの幼い頃の思い出を語った。

1933年5～7月

ユダヤ人をはじめ、ドイツ人以外が書いた本が政府の手で焼かれる。ヒットラーはナチ党以外のあらゆる政党を禁止。

1933年9月

オットー・フランクがドイツを去り、オランダのアムステルダムでオペクタを開業する。

普通の暮らし

20　普通の暮らし

新しい生活

アムステルダムに到着したとき、アンネは4歳だった。危険の迫るドイツと違い、アムステルダムには平和と新しい生活があった。

上◆アンネの父オットーが経営する会社、オペクタの広告。オットーが自分で広告を図案した。

前ページの写真◆1938年5月、アンネが9歳の誕生日をむかえる1か月前にとったパスポート用の写真（下）と、3年後の1941年5月の写真。

フランク家は、「川地区」と呼ばれるメルヴェデプレイン37番地のアパートを借りた。アムステルダムは運河の町で、アパートの近くにも並木のある運河が流れ、アパートの裏手も川だった。フランク家は5部屋のうち、ひとつを人に貸すことにして、フランクフルトから持ってきた家具をそれぞれの部屋に置いた。書き物机や大型の箱時計は母エーディトお気に入りの骨董家具だが、アパートには現代的な彫刻もいくつか飾られていた。

このあたりはにぎやかな場所で、いろんな商店やコーヒー店がたくさんあった。ユダヤ人も住んでいたが、たいていはフランク家のようにドイツから避難してきた人たちだった。新しい住民と、もとからいたオランダ系ユダヤ人はいくらか対立したが、この頃はまだ、ドイツ系ユダヤ人がオランダに移住するのはわりと簡単だった。もっとあとになると、移住に制限がもうけられた。

1934年2月
アンネがアムステルダムの家族と合流。モンテッソーリ学院に通いはじめる。

1934年6月12日
新しい家で、アンネが5歳になった誕生パーティーが開かれる。

新しい生活　21

事務所の外に出たオペクタの社員たち。ミープ・ザントルーシッツ（左端）が会計係でお客の質問にも答えた。支配人は、ヴィクトル・クーフレル（右端）。

　フランク家のアムステルダムでの新しい生活は、順調なすべりだしだった。みんなオランダ語を習い、アンネは簡単に覚えたが、母はけっこう苦労した。父の会社、オペクタは繁盛したので、シンゲル400番地に移転した。運河に浮かぶ花市場を見下ろす、大きな建物だ。会社は従業員を何人か雇い、そのなかの2人がオーストリア人のミープ・ザントルーシッツ（のちにヒース）と支配人のヴィクトル・クーフレルだった。2人ともユダヤ人ではなかったけれど、フランク家とはとても親しくつきあった。

　しかし、アムステルダムでのフランク家の生活が上向いた頃、ドイツで暮らすユダヤ人の生活はつらいものになっていた。新しい法令が制定されて、ユダヤ人は市民権をはじめ、あらゆる権利を奪われた。しかも収容所に送られ、虐待されている、という噂が広まった。

誕生日の贈り物

アンネがアムステルダムに着いた日は、マルゴーの8歳の誕生日の頃だった。アンネの日記を読むと、マルゴーの誕生日の贈り物として、アンネがテーブルの上にぽんと載せられた、とある。

1934年6月30日
血の粛清事件。ヒットラーの政策に反対したナチ党の幹部が殺される。

1934年8月1日
ヒットラーがドイツ総統になり、軍の最高司令官になる。

学校に入学

両親はアンネとマルゴーをアパートの近くの学校に入学させた。姉妹は病気がちだったが、それぞれ違うかたちで学校生活を楽しんだ。

姉のマルゴーはよく勉強して、両親も先生もとても優秀な子だと思った。マルゴー自身、大学まで行くつもりだとみんなに話していた。かたやアンネのほうは、勉強で苦労した。アンネは活発で、やたらに質問をして、じっと座っているのが苦手な子だった。そこで父は、モンテッソーリ学院を選んだ。この学校なら、子どもたちは授業中に話してもよかったし、子どもは活動を通じて学んでいくという考え方だったから、先生の目もよく届くだろうと思ったのだ。

最初、アンネは読み方の勉強に手こずったけれど、学校はとても楽しかった。先生たちやまわりの生徒には、アンネはとても目立つ子に見えた。ときどき、アンネは男の先生といっしょに学校まで歩いて行くことがあった。のちになってこの先生は、「アンネは、自分や父親が作った物語や詩について、しゃべり続けた」と思い出を語っている。

母はドイツにいる友人や親戚への手紙に、2人の娘たちのことを書いた。そこには、「マルゴーはほんとうに一生懸命勉強していますけど、アンネのほうはなかなか勉強に身が入らないようです」とある。

とはいっても、両親とも、アンネはときおり気むずかしくなるものの、おもしろ

> 「まだ普通の暮らしをしていた頃は、
> とにかくあらゆることがすばらしかったんです」
> ──アンネ・フランク『覚えていますか』より──

1935年9月15日
ドイツではナチ党が、ニュルンベルク法を制定。これでユダヤ人は、ドイツ人ではなく、民族的に劣っていると定義された。

1936年3月8日
ドイツ軍が、ドイツとフランスの境界にある非武装地帯のライン地方に侵攻。

くて楽しい娘だといっていた。

　アンネもマルゴーも、からだはあまり丈夫ではなかった。アンネは病気がちで心臓が弱いうえ、リウマチ熱でも苦しんだ。だから午後は静かにして、学校でスポーツをやったりしてはいけないといわれていた。

　けれどもアンネは体育の授業も楽しんで受けたし、放課後に水泳やアイス・スケートを習ったりして、からだを動かすのが好きだった。

　夏のあいだ、姉妹は田舎の海岸の新鮮な空気のなかで過ごし、それがからだにはとてもよかった。

大人をぎょっとさせる

アンネの手足はときどき関節が外れることがあった。アンネはわざと肩の関節をかちかち外したり入れたりして、大人をぎょっとさせるのが好きだった。

これは学校のアンネの教室（1935年）。アンネは中央の後ろで、先生のまえに座っている。この先生がモンテッソーリ学院の創始者マリア・モンテッソーリ博士で、子どもは楽しい活動を通して自分なりの速さで学ぶべきだという信念を持っていた。

1936年夏
ドイツでオリンピック開催。ヒットラーはオリンピックを、ナチ党の力を見せつける場として利用した。

1936年夏
ファン・ペルスの家族がドイツを逃れてオランダに到着。のちにフランク一家と出会い、友人になる。

24　普通の暮らし

たくさんの友達

アンネには友達がたくさんできた。学校での親友は、リースと呼ばれたハンネリ・ホースラルと、サンネ・レーデルマンだった。3人はいっしょにいることが多かったので、アンネ・ハンネ・サンネとはやしたてられた。

リースとサンネの家族もドイツ系ユダヤ人で、フランク家と同じ頃にアムステルダムにやってきた。ホースラル家とフランク家は家族ぐるみで親しくつきあい、アンネとリースはいつもくっついていた。いっしょにくすくす笑ったり、秘密を打ち明けあったり、イギリスとオランダの王室の絵はがきを交換したりした。子どもの病気にかかるのも2人いっしょで、1936年には同時にはしかにかかった。そのときは会いに行くことを止められたけれど、毎日電話でおしゃべりをした。

砂箱に座っているアンネと友達。アンネは8歳の頃で、左から2人目。リースと呼ばれたハンネリは左端に座り、サンネは右端に立っている。

放課後や週末には他の友達もいっしょに石けりをしたり、ときには向こう見ずに逆立ちや腕立て側転をしたりした。遊びに誘うときは、家の郵便受けから口笛を吹きこんだ。アンネは口笛が下手だったので、代わりに歌をうたうこともあった。アンネたちは詩を書いて詩集を作るのに夢中で、友達の詩集に自分の詩やイラストを書いたりした。

1936年10月26日
イタリア・ファシスト党党首ベニート・ムッソリーニとヒットラーは、ローマ・ベルリン枢軸と呼ばれる同盟を結ぶ。

1937年7月16日
ドイツの町ヴァイマール近郊にブーヘンヴァルト強制収容所が開設される。

アンネの母はドイツの友人たちや家族をなつかしんで、よくホームシックにかかった。しょっちゅう手紙を書いたし、家族でアーヘンの母の実家やスイスにいる父の兄妹のところへ遊びに行った。

フランク家もホースラル家もユダヤ教の祭日を祝ったけれど、ホースラル家のほうが熱心な信者だった。フランク家は、安息日がはじまる金曜日の夜は、たいていホースラル家で過ごし、過ぎ越しの祭もいっしょに祝った。ただ、フランク家はホースラル家と違って、キリスト教のクリスマスも祝った。アンネの母は毎週ユダヤ教会に通ったけれど、アンネは安息日の土曜には、父親の事務所で遊ぶほうが好きだった。

ユダヤ教会に通う

アンネの母エーディトはアムステルダムの自由派のユダヤ教会に足しげく通った。友達のリースは水曜と土曜に教会でヘブライ語を習い、姉のマルゴーもそこでヘブライ語を勉強した。マルゴーは信仰について、アンネよりもまじめに考えていて、大人になったらパレスチナで看護婦になりたいといっていた。

アンネとマルゴー、ほかに2人の亡命ユダヤ人の少女が、お茶会で人形遊びをしている。1933年から38年のあいだに、約2万5000人のドイツ系ユダヤ人がアムステルダムに亡命してきた。

1938年3月13日
ヒットラーはドイツ連邦を作る手始めとして、オーストリアを併合。

1938年9月
ミュンヘン条約。イギリスは、ドイツがチェコスロヴァキアのズデーテン地方を併合することを認める。

クリスタルナハト

　1938年までに、ドイツ国内にいるユダヤ人の生活はとても危険になっていた。市民権を奪われ、軍隊からも追い出され、さまざまな種類の仕事や公共の場所への出入りを禁止された。ヒットラーはドイツからすべてのユダヤ人を排除する決意をかためて、1938年には、ドイツに長年住んでいた1万7000人ほどのユダヤ系ポーランド人が追放される。その国外追放者の息子で、パリに住んでいたハーシェル・グリンズパンが、両親が追放されたことをパリのドイツ領事館に抗議しに行き、ナチ党の将校を殺してしまった。

　ナチ党はこの事件を口実にして、ドイツ系ユダヤ人への残忍な攻撃を開始した。1938年11月、歴史上「クリスタルナハト（水晶の夜）」と呼ばれている2晩で、ドイツ親衛隊（SS）はユダヤ人が経営する事業所7500か所を破壊し、ユダヤ教会に火をはなって神聖な書物を焼き払い、ユダヤ人の墓地を荒らした。そしてユダヤ人たちにひどい暴力をふるい、ユダヤ人の死者は91人にのぼった。また、2万6000人が逮捕されて、強制収容所に送られた。クリスタルナハトこそ、ユダヤ人大虐殺（ホロコースト）の始まりである、という歴史家もいる。

クリスタルナハトのあいだに燃えるユダヤ教会。1938年、11月9日から10日の2日間で、ナチ党は約200のユダヤ教会に火をはなち、略奪した。そのなかにはアンネの両親が結婚したアーヘンの教会も入っている。

上◆1939年7月、ドイツを逃れてイギリスのロンドンに到着したユダヤ人の子どもたち。ほとんどの国が入国を拒否したが、イギリス政府はユダヤ人の子どもたちの受け入れに同意して、経済援助をした。1938年から40年のあいだに、1万人のユダヤ人の子どもが里親と暮らすためにイギリスに渡った。たいていの場合、「子ども輸送車」と呼ばれた閉め切った列車で旅をした。ほとんどの子が二度と両親に会えなかった。

上◆クリスタルナハトのあと、ユダヤ人店主が砕け散ったガラスを片づけている。2晩で何千ものユダヤ人の商店が破壊され、割れたガラスが水晶のように輝いたことから、その組織的な破壊をクリスタルナハト（水晶の夜）と呼ぶようになった。

黄色い星

1939年のポーランドをかわきりに、ドイツ国内とドイツ占領下の地域で暮らすユダヤ人は、ユダヤ人であることがすぐわかるように「ダビデの星」というバッジをつけることを強制された。星のバッジは、ユダヤ人を襲ったり侮辱したりする目印になった。

思春期へ

アンネの友達は、ユダヤ人でもユダヤ人でなくても、みんなそろって成長していった。アンネも9歳になる頃には、流行や異性への興味がふくらんでいた。リースとアンネは相変わらず仲良しだったけれど、リースはアンネが髪をねじったり指先に巻きつけたりして、男の子をちらちら見ているのに気づいていた。

アンネの学校の成績はよくなってきた。算数は嫌いだったけれど、歴史や図画や作文は楽しかった。ある先生の話では、アンネはそのころから作家になりたいと考えていたらしい。アンネは楽しいことが大好きで、いつも注目の的だった。はっきりした意見を持ち、気まぐれを通すこともあった。

1938年に、父は娘2人を連れて、スイスにいる母を訪ねた。アンネといとこのバディーは着飾って映画スターのまねをしたりして楽しく過ごしたが、これが2人の会った最後になった。父はこの年、ハーブや香辛料を扱う新しい会社ペクタコンを開設し、2つの会社の経理責任者に、古い友人のヨハンネス・クレイマンを雇った。

また、ドイツ系ユダヤ人のヘルマン・ファン・ペルスという人に、事業の顧問に

1940年。姉のマルゴーと海岸に寝そべるアンネ（11歳）。姉妹はアムステルダム近郊のこのリゾート地によく出かけた。

1938年11月9～10日
クリスタルナハト。ナチ党は91人のユダヤ人を殺し、ユダヤ人の商店から略奪。

1938年11月12～15日
2万6000人のユダヤ系ドイツ人が逮捕され、強制収容所に送られる。

「アンネを好きだったわたしの母は、よくいったものです。
『神様はなんでも知っておいでだけど、
アンネはもっとなんでもよく知っているね』って」

——ハンネリ・ホースラル——

アンネは映画が好きでハリウッドに行くことを夢見ていた。13歳の誕生日には、シェパード犬のリン・チン・チンが活躍する映画を、父が借りてくれた。

なってもらった。ファン・ペルスと妻のアウグステ、それに息子のペーターは、1936年にドイツからアムステルダムに移住してきて、近くに住んでいた。

フランク家は毎週、土曜日になると客を招いた。客のなかには、ファン・ペルスや従業員のミープ・ザントルーシッツ、ミープの男友達で社会福祉の仕事をしているヤン・ヒースがいた。ほかに、ユダヤ人の歯医者で、クリスタルナハトのあとドイツから逃れてきたフリッツ・プフェファーもやってきた。みんなが集まったときの話題はドイツの出来事が中心で、アンネの父はヒットラーが敗北するかもしれないと楽観的な考えを捨てなかったが、母のほうはそうは思っていなかった。

1939年の6月、アンネは10歳になり、十代になった記念に特別な誕生パーティーをして、ピクニックにも行った。戦争は人々に重くのしかかり、ドイツがオランダにも攻めこんでくる恐れがあった。イギリスにいる親戚から父のもとへ手紙が届き、安全のために、アンネとマルゴーを自分たちのところによこさないかといってきた。父も母も、子どもと離れることは耐えられないと、それを断った。

1939年3月

アンネの母方の祖母、ローザ・ホーレンダーが、アムステルダムにいるアンネの家族といっしょに暮らすため、ドイツを離れる。

1939年3月15日

ドイツはチェコスロヴァキア全土を征服。イギリスとフランスは、ポーランドが侵攻されたときには援助することを約束。

戦争と侵略

　1939年9月、ドイツはポーランドに侵攻した。イギリスとフランスはドイツに宣戦布告し、第2次世界大戦が勃発する。ドイツは1940年5月には、オランダに侵攻した。

　オランダにドイツ軍が進軍してきたとき、マルゴーは14歳、アンネはもうじき11歳で、2人とも日に日に大人に近づいていた。アンネは映画やドラマが大好きで、たびたび劇を書いては学校でそれを演じたりした。ものまねがとても上手で、先生や友人、ときには飼い猫のモールチェのまねまでして、みんなを笑わせた。そしてアンネは、学校で出会った14歳の少年に短い恋をした。

　侵攻したドイツ軍は、住民はこれまでと変わらない生活を続けられると保証したが、そうはならなかった。

　1940年から42年にかけて、フランク家も含め、オランダのユダヤ人は登録して身分証を持ち歩き、ダビデ

ナチ党の装甲車がアムステルダムを走りぬける。ドイツ軍は1940年5月10日、オランダに侵攻。オランダ王室はロンドンに逃れた。

1939年9月1日
ドイツ軍がポーランドに侵攻。イギリスとフランスが9月3日、ドイツに宣戦布告して第2次世界大戦勃発。

1940年5月
ドイツはデンマーク、ノルウェー、オランダ、フランス、ベルギー、ルクセンブルクに侵攻。

の星のバッジをつけるように強制された。仕事を解雇された人もいたし、カフェやレストランの一部に行くことを禁止され、公園やプール、アイス・スケート場に入ることも禁じられた。公共の交通機関を利用することも許されなかった。のちにアンネは、ユダヤ人であるというだけでどんなに生活を制限されたか、日記に書いている。

1940年12月、アンネの父は事業所をプリンセンフラハト263番地に移した。ユダヤ人の事業はいまでは登録が必要になっていた。父は会社がドイツ人の手に渡るのを防ぐために、会社名をオランダふうの「ヒース商会」に変えた。1941年には新しい法令が出されて、ユダヤ人のアンネとマルゴーは学校をやめなくてはいけなくなった。アンネは気持ちをおさえきれず、泣きながら校長先生にお別れをいった。アンネとマルゴー、リースは、近くのユダヤ人の学校に転校し、アンネはすぐに新しい友達をつくって、ジャクリーヌという仲良しもできた。少女たちはしょっちゅうアンネの家に集まって、映画スターの写真を交換したり、ゲーム盤で遊んだりした。ときにはアンネの家がミニ映画館になることもあった。父が映画のフィルムを借りてきてくれ、アンネがチケットを作って友達を招待するのだ。そして母がサンドイッチを用意し、父が家庭用映写機で映画を上映した。

おしゃべりや

アンネには、とてもユーモアの感覚があった。たとえば、授業中におしゃべりをしすぎたので、担任の先生から罰として、『おしゃべりや』という題で作文を書くようにいわれたときのこと。アンネは、おしゃべりは女性の特徴で母もおしゃべりだから、この習慣はやめられないだろうと、3ページもの作文を書きあげた。

「1940年の5月からあとは、いいときはほんの少し、ごくたまにしかありませんでした。まず戦争がはじまって……それからドイツ人がやってきて、ユダヤ人にほんとうの苦難が訪れたのです」
——アンネ・フランクの日記、1942年6月20日——

1940年9月
日本がドイツ、イタリアと三国同盟を結ぶ。

1941年7月16日
ミープ・ザントルーシッツがヤン・ヒースと結婚。アンネと父は結婚式に出席。

隠れ家へ

1942年までに、ナチ党はオランダのユダヤ人を集め、強制収容所に送るようになっていた。ユダヤ人は収容所で過酷な労働をしいられ、ガス室で殺されるのだという噂が広まった。アムステルダムのユダヤ人評議会は強制輸送をとめようとしたが、うまくいかなかった。

　アンネの父は、家族で移住する許可をイギリスに申請したが、許可は出なかった。そこで、強制輸送されないよう、父は一家で身を隠すことを計画しはじめた。ちょうど事務所の裏手に、隠れ家に使えそうな建て増し部分があり、社員のなかの親しい人たちも手助けしてくれることになった。ミープ・ヒース、ヨハンネス・クレイマン、ヴィクトル・クーフレル、それに秘書のベップ・フォスキュイルで、ミープの夫のヤンやベップの父も、自分の身の危険もかえりみず手を貸してくれた。

　準備はこっそり進められた。隠れ家を掃除したり、家具や食べ物を持ちこんだり、窓に紙を貼ったりするのだ。ファン・ペルスの家族もいっしょに隠れることになった。最初のうち、両親はアンネに、隠れ家に入る計画を話さなかった。

　1942年1月、母方の祖母のローザが癌で亡くなった。6月、アンネの13回目の誕生日には、ささやかなパーティーをした。アンネは父から

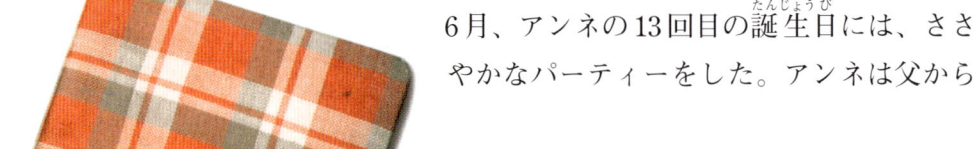

左◆アンネは、祖母のローザから日記を書くためにもらった万年筆を、いつも使っていた。この日記帳の最初のページに、アンネはこう書いている──「なんでもあなた（日記）に打ち明けられるといいと思っています」

前ページの写真◆オットーの事務所の裏側（プリンセンフラハト263番地）。アンネ一家はこの建物に2年間隠れた。

1941年12月7日
日本軍がハワイのパール・ハーバー（真珠湾）のアメリカ合衆国艦隊を爆撃。アメリカは第2次世界大戦に参戦。

1942年1月20日
ドイツのヴァンゼー会議で、ナチ党の将校ラインハルト・ハイドリヒがユダヤ人虐殺を提案し、全面的に支持される。

レジスタンス

ナチ党に抵抗する人々はいた。アムステルダムでは、カフェの主人でドイツ系ユダヤ人のエルンスト・カーンが親衛隊にアンモニアを投げつけ、拷問されたあげく、射殺された。1941年2月には、オランダ人労働者たちがユダヤ人狩りに抗議するストライキを行った。しかし、ナチ党が報復としてユダヤ人を500人殺すと脅し、ストライキは中止された。

これがおそらくアンネ最後の写真。1942年、隠れ家に入るまえにとられたもので、このときアンネは13歳。アンネに会ったことのある人たちは、表情豊かな大きな目や、人生に対する熱意、いきいきとした個性について語っている。

贈られたプレゼントの日記帳をとても気にいり、父はそのあとすぐ、アンネに計画を打ち明けた。

1942年7月5日、マルゴーに強制輸送の通知が届いて、計画はただちに実行に移された。みんな大急ぎで荷物をまとめ、アンネは日記帳と古い手紙、教科書を持っていくことにした。ミープとヤンが家族の鞄を集めた。翌日の朝早く、一家はアパートを立ち去った。ユダヤ人がスーツケースを持って歩くのを人に見られると危険なので、アンネは服を何枚も重ね着した。午前7時半、アンネは猫のモールチェにさよならをいって、雨のなかを隠れ家に向かった。

1942年4〜5月
イギリスとアメリカの同盟軍がドイツ市街に爆撃を開始する。

1942年5〜6月
ソビボル、トレブリンカ、アウシュヴィッツなど、死の収容所と呼ばれる施設が"大ドイツ帝国"や占領下のポーランドにつくられる。

隠れ家での生活

隠れ家では、8人が暮らした。アンネ、マルゴー、両親、ファン・ペルス一家、そしてあとから加わったユダヤ人歯科医のプフェファーだ。ほかの人たちは、フランク家はスイスに行ったのだと思っていた。アンネの友人のリースでさえ、アンネたちがまだアムステルダムにいることを知らなかった。

アンネが「秘密の隠れ家」と呼んだ部分は、父オットーの事務所の裏側、3階から上にある数部屋だった。階段を上っていって最初の部屋が、両親とマルゴーの寝室で、ここはみんなが集まる部屋でもあった。アンネとプフェファーは、そのとなりの部屋を2人で使い、ファン・ペルス夫妻はその上の部屋、息子のペーターは湿っぽくて狭い納戸で寝た。家具は必要なものだけで、頭板のないベッドに本棚、ガスストーブ、テーブル、椅子、食器戸棚だ。美しい家具や持ち物はアパートに置いてきていた。窓にはつねに、おおいがかけられた。

ヒース商会で働いている人たちがみんなこの隠れ家のことを知っているわけではなかったので、アンネたちは勤務時間にはできるだけ音をたてないようにした。朝早く起きて、社員が来るまえに顔を洗って朝食を食べた。そのあとは忍び足で歩き、縫い物や読書、勉強やゲーム盤の遊びを、そっと静かにやった。昼食は、会社のお昼休みにあわせて支度をして食べる。午後は休むか読書をし、アンネはたいていいつも日記を書いた。

> 「隠れ家にいるわたしたち8人は、
> 悪い黒雲に囲まれた青空のかけらのように思えます」
> ──アンネ・フランクの日記、1943年11月8日──

1942年6月12日
アンネが13歳の誕生日に日記帳をもらう。

1942年7月6日
アンネと家族、隠れ家に入る。

隠れ家での生活　37

　一日の勤務時間が終わると、隠れ家の人たちも気をゆるめて、もっと自由に動いたり、話したり、夕食の用意をしたりした。アンネはダンスや体操をすることもあった。父たちは事務所の裏手の部屋に下りて、ラジオのニュースで戦争の進み具合を聞いた。

　人に見られるといけないので、外出はできなかったし、窓を開けて外を見ることもできなかった。夜中になると、アンネはときどき屋根裏の窓からそっと外を眺めたり、空を見上げたりした。アンネは近くの教会の鐘の音を聴くのが好きだった。建物の中にずっといるのがいやで、友達や飼い猫に会いたくてたまらなかった。

勇敢な支援者たち

ドイツ占領下で、オランダ人たちは違法と知りつつ、2万から2万5000人のユダヤ人をかくまった。そのうち1万人が生き残れたのは、手助けしてくれた勇気ある人たちのおかげだ。オランダにいたユダヤ人のうち、11万5000人が「死の収容所」に強制輸送され、生きて戻れたのはたったの5450人だった。

ここが隠れ家の入り口。秘書のベップ・フォスキュイルの父親が、この入り口を隠すのにちょうどよい大きさの、蝶番で動かせる本箱をつくってくれた。

1942年7月13日
ファン・ペルスの家族――ヘルマン、アウグステ、ペーター――が隠れ家のフランク一家に加わる。

1942年8月6日
アムステルダムで2000人のユダヤ人が逮捕され、強制輸送センターのヴェステルボルク収容所を経由して、アウシュヴィッツに送られる。

38　秘密の隠れ家

　日中、トイレは使うことができなかった。水を流すパイプが、表の事務所を通っていたからだ。そこでみんな、ベッドの下におまるを置いた。ブリキの桶を風呂代わりにしたが、ほかの人に見られずに使うのはむずかしい。そこでアンネとマルゴーは、土曜日に誰もいない事務所で行水することが多かった。カーテンを閉めたままなので、薄暗いなかでからだを洗った。

　食べ物は限られていた。隠れ家にはいくらか保存食があったが、ヤン・ヒースが不法な配給カードを手に入れてくれると、ミープとベップがそのカードで新鮮な食料を買ってきてくれた。地元の食料品店は事情を察していたけれど、何もいわなかった。それでも戦争が長引くにつれ、新鮮な食べ物は少なくなった。朝食はどんぐりで作った代用コーヒーとパン一切れ、夕食はレタスかほうれん草とじゃが芋だけということもあった。アンネとマルゴーは痩せて、外に出ないせいでとても青白かった。

　おもに食料のことで、いいあいになることもあった。アンネは、ファン・ペルス夫妻はたくさん食べすぎると思ったし、ほかの人たちにもいらつくことが多かった。

オットー・フランク（中央に座っている）と支援者たち。
前列左から：ミープ・ヒース、オットー・フランク、ベップ・フォスキュイル
後列左から：ヨハンネス・クレイマン、ヴィクトル・クーフレル

1942年10〜11月
イギリス軍がアフリカのエル・アラメインでドイツ軍を敗る。

1942年11月16日
フリッツ・プフェファーが、隠れ家にいるフランク家とファン・ペルス家に合流。アンネはプフェファーに、約束事の一覧をタイプして渡す。

隠れ家の浴室には、洗面台とトイレしかなかった。アンネは、ファン・ペルスがトイレを使う時間が長いのが不満だった。

毎日の暮らし

ファン・ペルスが隠れ家の規則を作り、アンネはこれをタイプして、「ユダヤ人のための一時的な調停事項」と呼んだ。たとえば、いつも静かに"文化的な言葉"、つまり"ドイツ語ではない言葉"で話さなければならないとか、食事の時間は朝食が9時、昼食が1：15～1：45、夕食は"ニュースの時間次第"とかだった。

　隠れ家の生活は、一番若い自分が一番つらいのだと、アンネは思っていた。そして誰も自分の気持をわかってくれないと不満だった。

　ファン・ペルス夫妻は、アンネは生意気で、しつけが悪いのだときめつけた。また、アンネとプフェファーは、2人の部屋でアンネが勉強することについていいあい、アンネは母にも突っかかって怒らせた。けんかのなだめ役は、アンネの父だった。

　夜になるといつも、イギリス軍とアメリカ軍の空襲があった。どちらも、ドイツ軍をオランダから追い出そうとしていたからだ。空襲のあいだ、怖くて眠れないアンネは父の部屋に行った。発見されて射殺されるのが何よりおそろしかった。隠れ家からうまく逃げだせる見込みはほとんどない。また、あるとき、強盗が事務所に押しいって、隠れ家の入り口を隠している本箱をがたがた揺らした。そのあいだアンネたちは、発見されるのではないかと息を詰めていたが、強盗はそのまま立ち去った。

　支援者たちはできるかぎりのことをしてくれ、毎日訪ねてきては贈り物やニュースを届けてくれた。隠れ家の外では、大勢のユダヤ人が強制収容所に送られていた。

1942年12月
隠れ家で、聖ニコラスの日や、ユダヤ教のハヌカー祭を祝う。

1943年3月
毎日1万2000人のユダヤ人が、オランダから強制輸送される。

大人の女性へ

隠れ家にいてもアンネはおしゃれで、いつもすてきでいたいと思っていた。アンネはひとりの女性へと成長しつつあったのだ。日記には、思春期のからだの変化のことを記し、ときには男女の交際についても考えた。

アンネは何時間も鏡で自分の顔を見ていることがあった。唇の上の生毛をオキシドールで脱色してみたり、黒髪をいろんなスタイルに巻いてみたりした。背が伸びたので、服は小さくなり、下着のシャツがおなかまでしか届かないと文句をいうこともあった。新しい服は手に入らず、それでもミープがなんとか新しい緑色の靴を持ってきてくれた。アンネは以前の満ちたりた暮らしと隠れ家の暮らしのあまりの違いにゆううつになった。

それでもアンネはユーモアを忘れず、冗談をいっ

これはアンネとプフェファーの部屋。アンネはすこしでもいごこちをよくしようと、壁に絵葉書や映画スターの写真を貼った。窓は紙でおおわれている。

1943年4月19日〜5月16日
ワルシャワ蜂起。ユダヤ人のレジスタンスがナチ党に対して武装反乱したが、激しい反撃で鎮圧される。

1943年7月25日
イタリアで、ファシスト党の党首ベニート・ムッソリーニが失脚。隠れ家の人々は、このニュースを喜んだ。

> 「わたしたちは鎖で一か所に繋がれたユダヤ人で、なんの権利も
> 持っていません……いつかこの恐ろしい戦争が終わったら……
> もう一度人間になれるでしょう、たんなるユダヤ人ではなく」
> ——アンネ・フランクの日記、1944年4月11日——

たり、おどけたりした。ダンスやバレエに夢中になって、母の古いペチコートにリボンを縫いつけ、しゃれた踊りの衣装を作ったりもした。

アンネはまた、考えこむことも多くなった。そして両親と自分の関係を分析したり、神や信仰について考えた。ユダヤ人であるということは、自分にとってどんな意味をもっているかも考えたが、ユダヤ人だから迫害されるのだということはわかっていた。毎週、金曜の夜になると、隠れ家の人々はろうそくを灯して、せいいっぱいのごちそうをつくり、安息日の始まりを祝った。

マルゴーとアンネ、ペーターには、アンネの父が勉強を教えた。アンネは語学と歴史と速記を習ったが、とりわけ好きだったのは歴史とギリシャ神話、読書だった。また、ラジオのニュースに耳をかたむけて政治についても考え、父の本や、ミープが図書館から借りてきてくれた本に読みふけった。

ときどき、アンネはひとりぼっちの気がして、心をひらいて話せる相手がほしいと思った。1944年にはペーターを頼りにして、2人はいっしょにいることが多くなった。自分は恋をしている、とアンネは思い、その気持ちを姉と父に打ち明けたが、数か月もたつと、ペーターへの恋心は消えていた。

クーフレルが「週刊映画館」という映画雑誌を持ってきてくれるので、アンネは最新のニュースにふれることができた。クーフレルによれば、オランダの雑誌のなかでナチ党の宣伝が入っていないのはこれだけだった。

1943年8月7日
アンネは日記のほかに、短編小説を書きはじめた。

1943年9月
連合国軍が南イタリアに上陸。隠れ家の人々は、戦争が終わるかもしれないと期待する。

ホロコースト

　1941年から45年にかけて、ナチ党は組織的に、ヨーロッパの約600万人のユダヤ人を殺した。1933年には強制収容所をつくり、共産主義者のような「好ましくない」人々をそこに送りこんで、1941年から42年には、ユダヤ人を殺す「死の収容所（絶滅収容所）」が建てられた。ドイツ軍は他国を占領してユダヤ人狩りをし、ソ連では約100万人が銃殺され、ポーランドその他の地域では居留地に移された。1941年以降、ナチ党のユダヤ人殺害は大規模になり、ユダヤ人は汽車に詰め込まれて、アウシュヴィッツのような死の収容所に送られた。アウシュヴィッツでは、大勢の男性、女性、そして子どもたちが、シャワー室に似た部屋に入れられ、通気孔から入ってくるジクロンBというシアン化合物で殺された。この大虐殺は、死体を焼いたことからホロコースト（ギリシャ語で「すべてを焼く」の意味）と呼ばれるようになった。ユダヤ人全員がすぐに殺されたわけではなく、なかには強制労働させられた者もいた。

死の収容所をはじめとする、おもな強制収容所（1944年）。ナチ党は600万人のユダヤ人以外にも、共産主義者、同性愛者、ジプシー、体の不自由な人、老人、ソ連の戦争捕虜など、500万人を殺した。

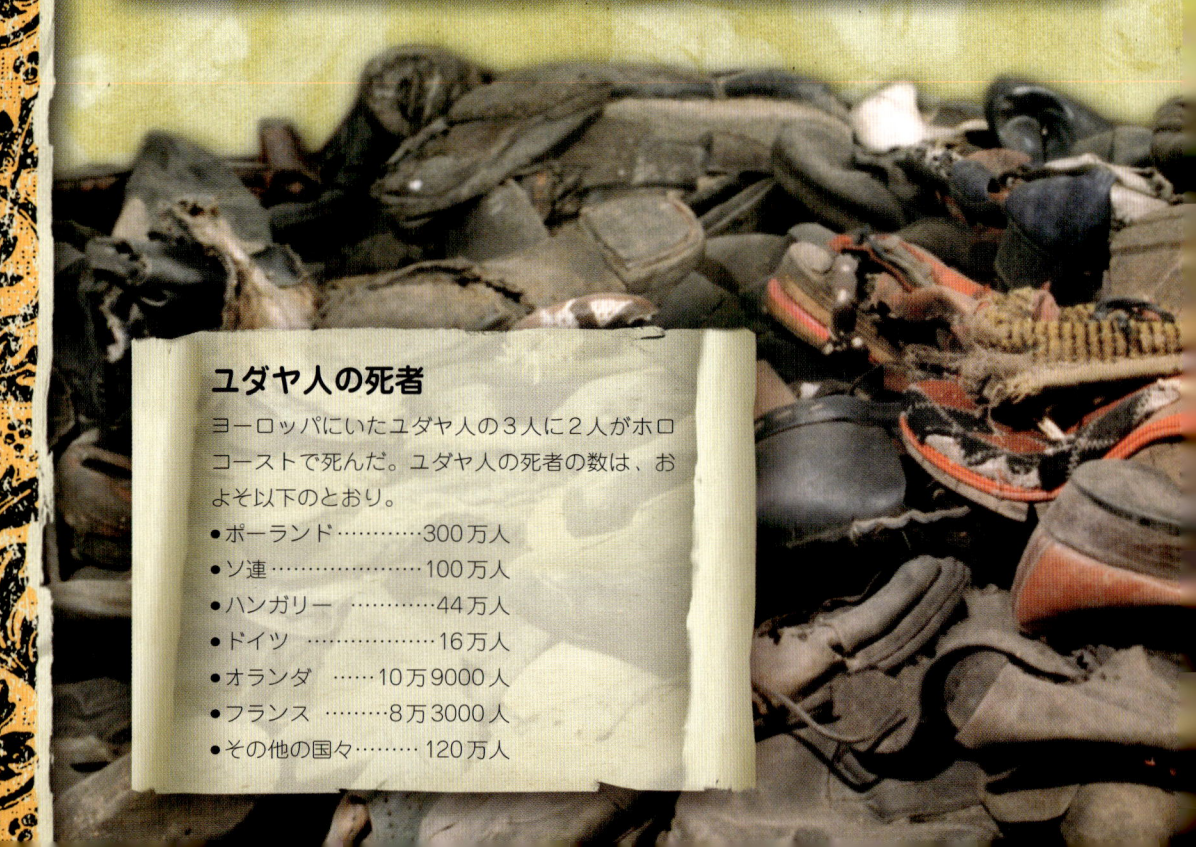

ユダヤ人の死者

ヨーロッパにいたユダヤ人の3人に2人がホロコーストで死んだ。ユダヤ人の死者の数は、およそ以下のとおり。

- ポーランド…………300万人
- ソ連…………………100万人
- ハンガリー …………44万人
- ドイツ ………………16万人
- オランダ ……10万9000人
- フランス ………8万3000人
- その他の国々………120万人

左◆収容所のユダヤ人は、棚のような板の上で寝かされた。ぼろを着て、食べ物もほとんど与えられず、大勢が飢えと病気で死んでいった。1945年、連合国軍が収容所を解放したとき、山のような死体と、骸骨のように痩せほそった人たちを発見した。写真は、ブーヘンヴァルト収容所で生き残った人たち。

右◆1943年5月、ナチ党にワルシャワの居留地から追い出される、8歳のツフィー・ヌスバウムや他のユダヤ人。ドイツがポーランドに侵攻したとき（1939年）、ワルシャワには約50万人のユダヤ人がいたが、むりやり居留地に住まわせられ、ひどい暮らしのなかで、餓死した人も多い。1943年には、ワルシャワの若いユダヤ人たちが武器を持って抵抗したが、すぐに制圧された。

下◆この靴の山が、アウシュヴィッツ強制収容所のホロコーストの規模を物語っている。ガス室に行くまえ、ユダヤ人たちは服をすべて脱ぐように命令された。殺された人々のことを忘れないよう、靴はいまもアウシュヴィッツに残されている。

44 秘密の隠れ家

作家になりたい

1944年の春で、アンネの隠れ家生活はほぼ2年になっていた。戦争は、連合国軍のほうが優勢になった。まもなく連合国軍が侵攻してきて戦争が終わるだろうという噂が流れ、アンネも楽観的になりはじめた。

アンネはいつか作家になろうと心にきめていた。両親の部屋や屋根裏の机の前に座って、何時間も日記を書いて過ごした。隠れ家の生活を何から何までことこまかに書いて、心の奥底にある思いまで日記に打ち明けた。父からもらった日記帳を書き終えると、会社の人たちが事務所のノートや紙を持ってきてくれた。みんなアンネの日記のことを知っていて、それがどんなにアンネにとって大切か、わかってくれていたのだ。

アンネは1943年から短編小説を書きはじめた。隠れ家の生活をもとにすることもあれば、まったくの作り話のこともあった。作り話のなかには、とても想像力の豊かな童話が多く、のちに『秘密の隠れ家からの物語』として出版された。

1944年3月、アンネはラジオで、ロンドンのオランダ語放送を聞いた。亡命中の文部大臣がオランダ人に、手紙や日記のような個人の記録を保管しておくよう呼びかける内容だった。一般の人たちが戦時下でどんな生活をしいられたかがそれでわかるから、戦争が終わったら、資料として特別な場所に保存されるだろう、ということだった。

このニュースを聞いた隠れ家の人々は、すぐにアンネの日記のことを思った。

> 「わたしの一番の望みは、ジャーナリストになって
> そのあと有名な作家になることです」
> ——アンネ・フランクの日記、1944年5月11日——

1943年10月14日
ソビボルにある死の収容所でユダヤ人が蜂起。600人が脱走し、パルチザン組織に入った者もいるが、生き残った者は少ない。

1943年12月
アンネはインフルエンザにかかった。いろんな治療をこころみて、咳止めドロップをなめる。

作家になりたい　45

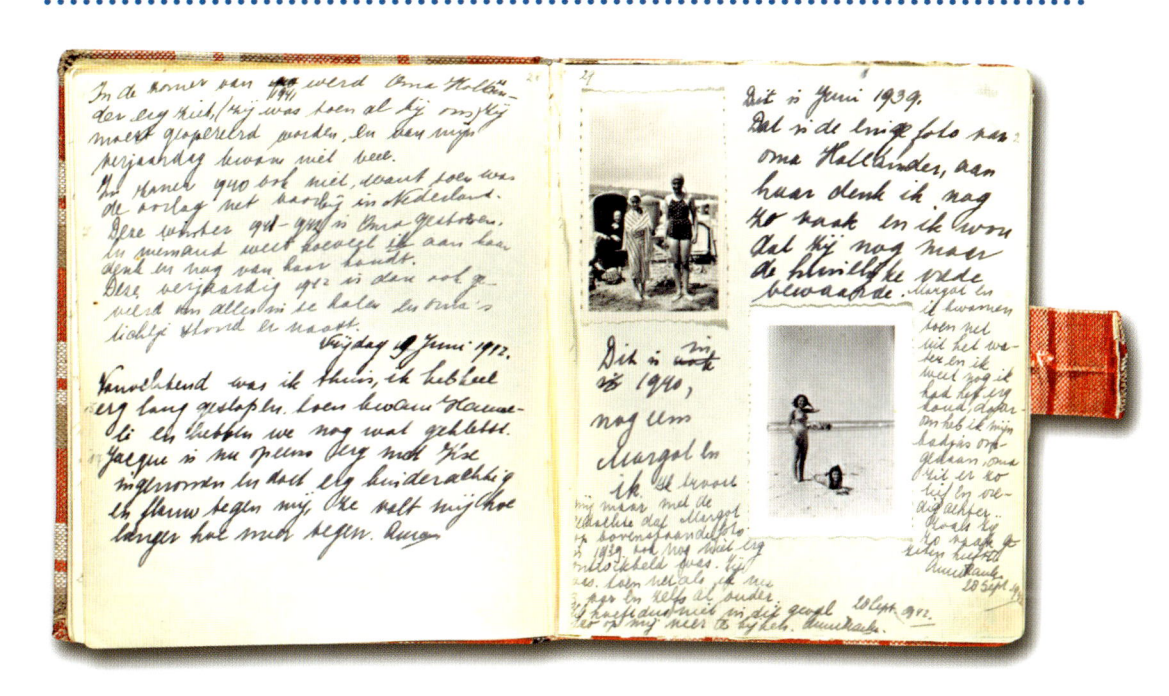

実際のアンネの日記。このページには、アンネが11歳のとき、マルゴーといっしょに海べにいる写真が貼られている。

大好きなキティー

アンネは日記を、キティーという想像上の友達にあてた手紙として書いたので、書き出しはいつも「大好きなキティーへ」だった。この名前はおそらく、お気に入りの本『ヨープ・テル・ヒュール』（シシー・ファン・マルクスフェルト作）の登場人物からとったのだろう。このシリーズは、その頃オランダの少女たちにとても人気があった。

　アンネは戦争が終わったら出版したいと考えて、日記を書き直しはじめた。

　5月になると、本のような形で書くことまではじめて、タイトルは『裏の家』にしようと思った。この新しい日記は、色のついた紙に書かれた。

　1944年6月、アンネの15歳の誕生日に、ミープとベップが、書くことの好きなアンネが紙に困らないようにと、真新しい帳簿をプレゼントしてくれた。

1943年12月
隠れ家でクリスマスを祝う。ミープは「平和1944」という文字を書いたケーキを焼く。

1944年3月
アンネは、戦時中の記録として手紙や日記を保管するように呼びかけるオランダ語のラジオ放送を聞いた。

発見と強制輸送

4

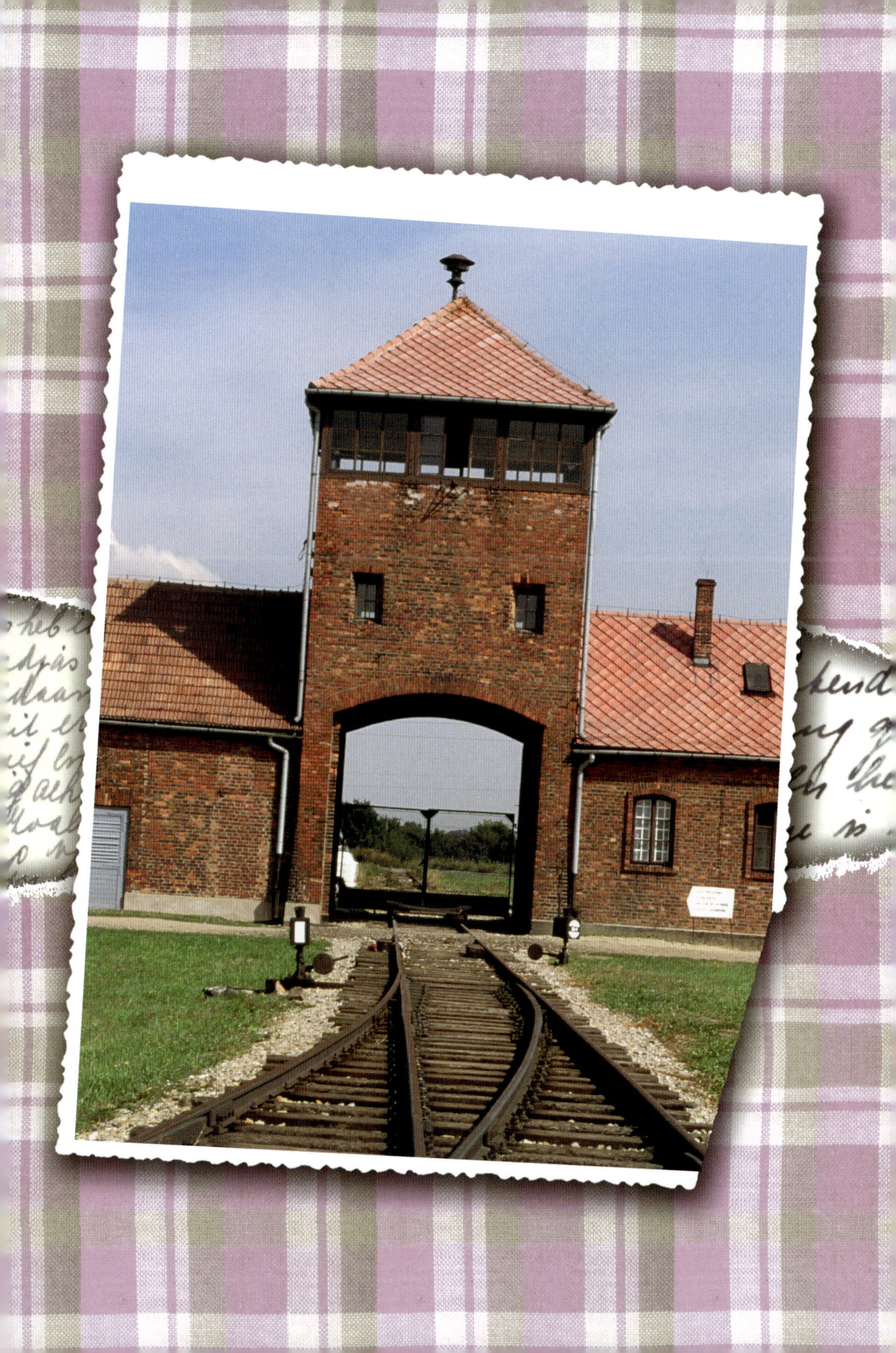

48　発見と強制輸送

発見される

アンネが最後に日記を書いたのは、1944年8月1日だ。アンネは15歳だった。その3日後に、ドイツの秘密警察、ゲシュタポがやってきたのだ。

　8月4日は、いつもどおりの朝を迎えた。事務所にはミープ、ベップ、クレイマン、クーフレルの4人がいて、秘密の隠れ家の住人たちは朝の日課にとりかかっていた。すると午前10時半頃、プリンセンフラハト263番地で車がとまり、男たちが降りてきた。なかのひとりはゲシュタポの士官カール・ジルバーバウアーで、ほかはオランダのナチ党員だった。男たちは事務所に入るなりヴィクトル・クーフレルに銃をつきつけ、隠れているユダヤ人に会わせろといった。クーフレルが階段を上がって隠れ家に連れていくと、アンネの母エーディトがテーブルの横に立っていた。クーフレルは、ゲシュタポが来たと告げた。

「矛盾だらけの人間」

日記の最後のページでアンネは、自分のなかには2人の人間がいるといっている。ひとりは男の子を追いかける軽薄な娘で、もうひとりはもっと深みのある、純粋で立派な人間だが、こっちはめったに人に見せたことがない、と。

前ページの写真◆アウシュヴィッツ・ビルケナウ強制収容所の入り口と、そこに入る鉄道の線路。ここでは約110万人のユダヤ人が死に、「死の工場」と呼ばれた。

　アンネやほかの人たちも居間に集められ、両手を頭の上にあげて立たされた。マルゴーはしくしく泣いたが、アンネは何もいわず、ただ黙って立っていた。
　ジルバーバウアーが、荷づくりしろと命令した。そして貴重品を出させると、そこにあった書類鞄をとりあげ貴重品を詰めた。その鞄にはアンネが書きためてきたもの——ノートや日記帳、紙が入っていたが、どれも床に捨てられた。
　アンネはそれを見ても何もいわず、日記を拾おうともしなかった。アンネたちが

1944年6月6日
連合国軍がフランスに上陸し、ドイツが占領した地域へ侵攻を開始する。

1944年7月中旬
ソ連がポーランドに進軍。マイダネク強制収容所を解放し、死の収容所の悲惨な様子を写真にとる。

荷づくりするあいだ、ジルバーバウアーはアンネの父に、いつから隠れていたのかと尋ねた。そして2年まえからだと聞いても、ジルバーバウアーは信じようとせず、父はその証拠として、壁につけた印を指さした。それはこの2年にわたってアンネの身長を計った印だった。

全員が一列になって、表の事務所に下りていった。ミープはアンネの顔がひどく白いことに気づいた——2年間、アンネはまったく外に出ていなかったからだ。

フランク家とファン・ペルス家、フリッツ・プフェファーは、町の中心にある刑務所に連れていかれると、寝棚が並ぶ部屋に押しこまれた。部屋にはバケツがいくつもあって、それがトイレだった。

裏切りか不注意か

誰がフランク家を裏切ったのかは、いまもわかっていない。戦後に2回、正式な調査があり、何人かの名前があがったが、証拠はなかった。隠れ家の人々が少しずつ不注意になっていったのかもしれない。真実が明らかになることは今後もないだろう。

フランク家が連れ去られたあとで、ミープ・ヒース（写真）は隠れ家に上がり、床に散らばったアンネの日記帳や紙を見つけた。ミープはそれを拾いあげると、なかは読まずに、自分の机の引き出しにしまった。

1944年7月25日
アメリカ軍はノルマンディー海岸から、さらにフランス中央部に攻め上る（コブラ作戦）。

1944年8月4日
アンネたち、隠れ家の人々が発見され、逮捕される。

ヴェステルボルク収容所

逮捕の4日後、アンネたちはほかのユダヤ人といっしょに、オランダ北東部にあるヴェステルボルク行きの列車に乗せられた。ヴェステルボルクは、強制輸送する囚人たちを集める集結収容所だ。アンネは列車の窓から、通りすぎる田舎の風景を眺めた。

ヴェステルボルクは奇妙な場所だった。小さな町のように見えたが、有刺鉄線がはりめぐらされ、高い監視塔がいくつもそびえている。粗末な宿舎が100以上あって、作業場や病院、学校やレストランまであった。

ヴェステルボルクには、つねに3万人のユダヤ人が収容され、つぎつぎ東方へ強制輸送されていった。

1944年夏
ドイツの敗色は濃くなり、軍は収容所を壊して、ユダヤ人たちをドイツに移す。これがいわゆる「死の行軍」。

1944年8月8日
アンネがヴェステルボルクに到着。

ヴェステルボルク収容所　51

　ここでの毎日はほどほどに快適だったが、だからといって、けっして安全ではなかった。ユダヤ人たちは火曜日ごとに選ばれて、アウシュヴィッツの死の収容所に送られたのだ。

　ヴェステルボルクに着くと、アンネたちは尋問された。そしてずっと隠れていたことから、「罪のある」ユダヤ人とみなされて、自由などほとんどない懲罰舎に入れられた。青いつなぎ服を着せられ、靴は木靴だ。アンネの髪は、短く刈られた。

　翌朝になると、アンネたちは古い飛行機のバッテリーを解体する仕事をさせられた。とてもきたない仕事で、アンネはバッテリーの埃で咳きこんだ。

　毎日、同じことのくりかえしだった。朝の5時に点呼があって、仕事をさせられ、乾いたパン一切れと薄いスープの昼食がすんだら、また働く。フランク家の人たちはまわりによく知られるようになり、好感を持たれた。アンネとマルゴーは、リーンチェとヤニーというオランダ人姉妹と友達になった。2人はアンネたちの隣の台で働いていたのだ。

　ヴェステルボルクに来て1か月ほどたったころ、護送兵がアウシュヴィッツに輸送する者のリストを持って宿舎にやってきた。そして1000人以上の名前が呼びあげられ、そのなかにフランク一家もファン・ペルス一家もプフェファーも入っていた。翌日、全員が列車に詰め込まれてアウシュヴィッツに向かった。

おぞましい旅

ヴェステルボルクからアウシュヴィッツへ行くには3日かかった。列車は貨物車で、ひとつの車両に70人以上のユダヤ人が詰め込まれ、食べ物もなければ明かりも、からだを暖めるものもなかった。そして車両ごとにバケツが2つあった。水を入れたバケツがひとつと、トイレ用のバケツがひとつだ。車両の中は、じつにひどい臭いがした。腰をおろして座るゆとりもない。生き残った人の記憶では、アンネは窓の外を眺めたり、眠ったり、マルゴーやペーターと小声で話したりしていた。

1944年8月31日
ソ連軍がルーマニアの首都ブカレストに進軍し、さらにブルガリアを目指す。

1944年9月3日
アンネがヴェステルボルクを出発。アウシュヴィッツ強制収容所への強制輸送は、これが最後になる。

死の収容所――アウシュヴィッツ

列車がアウシュヴィッツに着くと、縞の服を着た男たち――「カポ」と呼ばれた囚人たちの班長――が車両をたたき、大声で叫びながら、ユダヤ人たちを引き出した。プラットホームでは、おそろしい犬を連れた親衛隊の士官たちが歩きまわっている。アンネは列車から、まぶしいサーチライトの光のなかへ降りていった。

アウシュヴィッツに到着すると、ユダヤ人はプラットホームに並ばされ、「選別」された。まっすぐガス室に送られる者と、収容所で暮らす者に分けられるのだ。このとき、左側のグループに入れば、すぐにガス室で殺される。たいていは、病人や老人、小さな子だった。そして右側のグループに入れば、とりあえずは生きられた。アンネと、隠れ家にいたほかの6人は右側だったが、ファン・ペルスは1944年の10月はじめにガス室に送られた。

赤ん坊や幼児は、アウシュヴィッツに着くとすぐに殺された。もう少し大きな子どもたちは、働かされたり人体実験に使われたりした。この写真は1945年1月27日、ソ連軍が収容所を解放したときのもの。生きていた子どもはたったの180人だった。

1944年9月6日
アンネがアウシュヴィッツに到着し、姉や母とともにアウシュヴィッツ・ビルケナウに収容される。

1944年10月はじめ
ファン・ペルスがガス室に送られる。

死の収容所——アウシュヴィッツ

> 「フランク家の姉妹は2人きりでいることが多くて……
> 見るからにひどい様子でした。手やからだには
> 一面に発疹やただれがありました」
> ——生き残ったロニー・ゴルドスタイン・ファン・クリーフの話——

　さらに男女は別々になり、引き離される家族は泣きさけんだ。アンネの父とプフェファー、ペーターはほかの男たちといっしょに去り、父はそれっきり家族には会えなかった。アンネたちはアウシュヴィッツ・ビルケナウの女性の区域に連れて行かれた。そこで髪の毛を剃られ、靴と小麦袋のような粗末な服を与えられて、腕には番号をいれずみされた。寝起きする小屋はきたなく、こごえるように寒くて、ベッドは木の寝棚だった。石鹸などなく、食べる物さえほとんどない。トイレは、穴がいくつもあいた長い台を溝の上に渡しただけだった。

　毎日、女たちは午前3時半に起こされ、点呼のあいだ、1時間近くも立ったままだった。その後は一日中、草地を掘りおこす作業をさせられた。アンネとマルゴーは衰弱していき、疥癬にもおかされた。疥癬というのは、ダニが寄生して、とてもかゆい発疹ができる病気だ。

　10月28日、また「選別」があった。女たちはホールまで行進させられ、親衛隊の医者のまえに立った。この医者はおそらく、ユダヤ人の子どもをむごい実験に使ったことで悪名高いヨーゼフ・メンゲレだろう。医者は、アンネとマルゴーを別の収容所に送ることにした。あとに残ったアンネたちの母エーディトは、1945年1月6日に亡くなった。

死の工場

アウシュヴィッツには3か所の収容所があった。第一収容所は、ポーランドの政治犯のためのものだった。アウシュヴィッツ・ビルケナウともいわれた第二収容所は、ユダヤ人やジプシー用の死の収容所で、ここには火葬炉も4つあった。第三のアウシュヴィッツ・モノヴィッツは、奴隷労働をさせる収容所だ。

1944年10月23日
連合国軍がナチ党の占領からパリを解放。

1944年10月28日
アンネとマルゴーは、ドイツのベルゲン・ベルゼン強制収容所に送られる。

54 発見と強制輸送

ベルゲン・ベルゼン

　アンネとマルゴーは、600人の女性といっしょに、ドイツのベルゲン・ベルゼン強制収容所へ輸送された。古い衣類と靴、毛布、そしていくらかのパンとソーセージ、一切れのマーガリンが与えられた。ベルゲン・ベルゼンに着くまで5日かかったが、車両の中はこごえるほど寒く、混み合い、追加の食べ物はもらえなかった。

　ベルゲン・ベルゼンに着くと、アンネとマルゴーはほかの女性たちといっしょにテントに入れられた。みんな床で眠り、トイレは外に掘られた穴だった。しばらくして、アンネたちはこおりつくような石づくりの小屋に移動させられた。小屋にはびっしりと何段もの木の棚があって、それが寝台だった。

　ヴェステルボルクからいっしょに送られてきたオランダ人のブリレスレイペル家の姉妹リーンチェとヤニーは、アンネとマルゴーの上の寝台をわりあてられた。4人は仲がよく、みんなでささえ合うことにした。からだを暖める毛布はひとり1枚きりだったが、夜になるとアンネは、冗談をいったり物語を話したりして、みんなを元気づけた。

　ベルゲン・ベルゼンでの毎日は、みじめとしかいいようがなかった。大勢のユダヤ人が東方の収容所から送られてきたが、生きるためになくてはならないもの——食料や水、トイレなどは、ないも同然だった。

　シラミが伝染させる発疹チフスにかかる者も多く、高熱をだし、うわ言をいって、

> 「わたしたち姉妹と同じように、あの2人［アンネとマルゴー］を引き離すことはできませんでした。まるでこごえた2羽の小鳥のようで、痛々しくて見ていられませんでした」
> ——リーンチェ・ブリレスレイペル、アンネとマルゴーの思い出話から——

1945年1月6日
アンネの母エーディト、アウシュヴィッツ・ビルケナウで死亡。

1945年1月27日
ソ連軍がアウシュヴィッツを解放。アンネの父オットーをはじめ、生き残ったユダヤ人が救出される。

郵 便 は が き

おそれいりますが切手をおはりください。

| 6 | 5 | 2 | 0 | 8 | 4 | 6 |

神戸市兵庫区出在家町2-2-20

BL出版　愛読者係 行

ご住所 〒

フリガナ
お名前

男・女
年齢　　歳

TEL

ご記入いただいた個人情報は、ご希望の方への各種サービス以外の目的では使用いたしません。なお、
ご承諾いただいた方のみ、ご意見を弊社の販促物等へ転載する場合がございます。

ご愛読ありがとうございます。皆様のご意見、ご感想をうかがい、今後の本づくりの参考にさせていただきたいと思います。ご協力いただいた方にはBL出版オリジナルポストカードを差しあげます。

●本のなまえ

●お買い求めの書店名(　　　　　　　　　　　　　　　　　　)

●この本を何でお知りになりましたか
□ 書店で　　□ 書評で　　□ 先生、友人、知人から
□ 広告で　　□ その他(　　　　　　　　　　　　)

●この本を読まれた方
(男 ・ 女　　歳　　　　　　　　　　　　　)

●その他、ご意見、ご感想をお聞かせください
(今後読んでみたい作家・画家・テーマなどあればお書き下さい)

●ご意見を匿名(例：40代女性)で当社のホームページ、ちらし
　等に掲載してもよろしいですか　　　　□ 承諾する
●児童書目録(無料)を希望されますか　□ 希望する

ホームページ(https://www.blg.co.jp/blp)で新刊情報をご覧いただけます。
また、ホームページやお電話(078-681-3111)でご注文も承ります。

ベルゲン・ベルゼン　55

ベルゲン・ベルゼンにガス室はなかった。そのかわり、囚人は飢えのためにゆっくりと、あるいは病気や暴力で死んでいった。この12歳の少女の写真は、収容所が解放されたときのもの。

ひどい下痢に苦しんだ。シャワーを浴びることはできず、石鹸も薬もトイレもない。寝棚から出て歩いたり這ったりする元気がある者だけが、トイレ用の穴を使うことができた。亡くなった人の遺体は、山のようにただ積み上げられた。

アンネや友達は、古靴をばらばらにほどく仕事をさせられた。何の役にもたたないのに、手のかかる、つらい仕事だった。アンネとリーンチェの手は血がにじみ、そこから病気に感染した。仲間を助けるために、アンネとリーンチェは収容所の調理場で、食べ物をせがんだり盗んだりした。2人は何度も罰を受けた。

この年の11月、ファン・ペルスの奥さんがベルゲン・ベルゼンに送られてきた。アンネとマルゴーがいるのを知って、協力しあうようになった。

ハヌカー

ベルゲン・ベルゼンのみじめな暮らしのなかでも、アンネたちはハヌカーを祝おうとした。パンのかけらをためておき、アンネがニンニクをひとつ見つけ、リーンチェがキャベツのつけものを持ってきた。そして座ってユダヤの歌をうたった。

1945年2月
アムステルダムで暮らしていた頃のアンネの友達ハンネリ・ホースラル（リース）がベルゲン・ベルゼンに輸送されてくる。

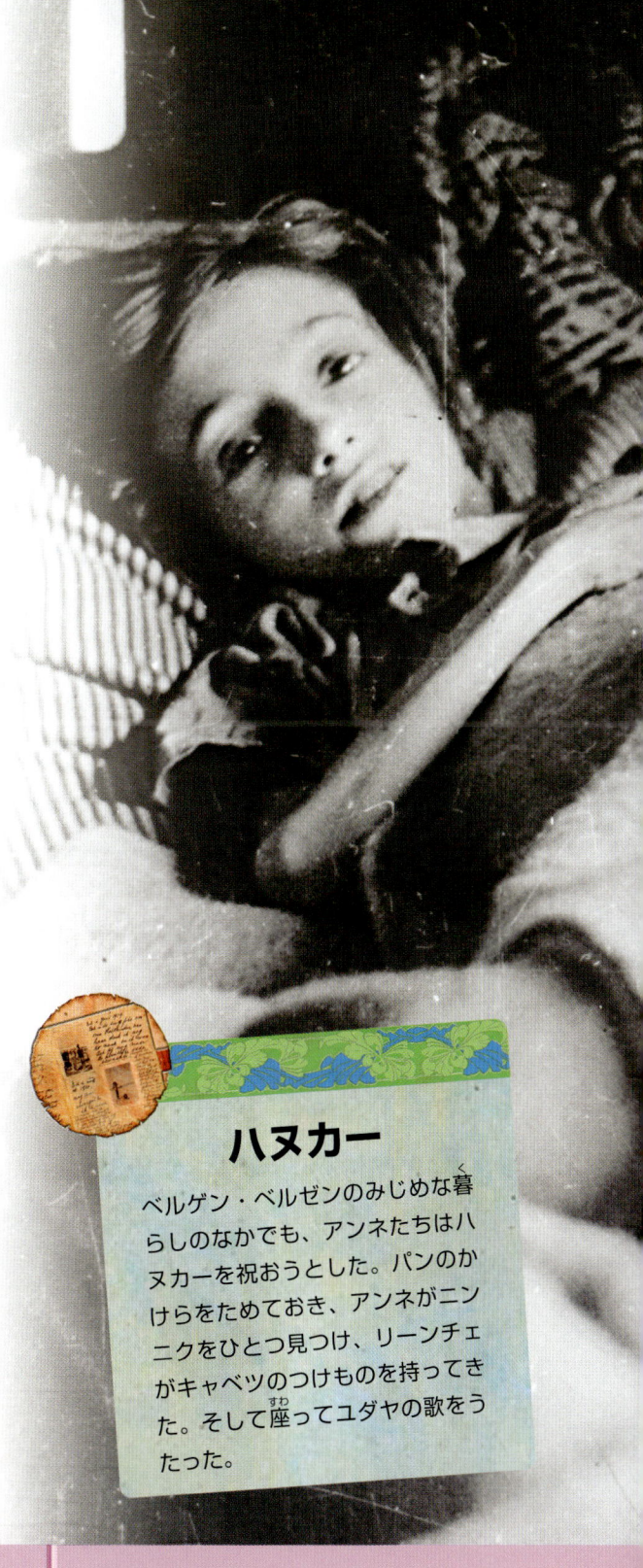

1945年2月
イギリスとアメリカの軍機がドイツのドレスデンを爆撃し、1万人の市民を殺す。

死

1945年2月、アンネの友達のリースがベルゲン・ベルゼンに送られてきて、リースに会ったファン・ペルスの奥さんがアンネにそれを知らせた。アンネとリースは収容所の別の場所にいたのだ。2人は泣きながら、有刺鉄線ごしに再会した。

アンネはリースに、2年間隠れ家にいて、スイスには行かなかったことを話した。また、いま自分がいる地区では何も食べるものがないともいった。すると、リースのほうは赤十字から多少の食料が支給されるらしく、その晩リースは上着とビスケット、砂糖と鰯の缶詰の入った包みを有刺鉄線まで持ってきてくれた。リースがそれを有刺鉄線越しに投げると、アンネが大きな悲鳴をあげた。ほかの女性が包みを横どりしてしまったのだ。翌日の夜、リースはまた包みを持ってきて、今度はアンネが受け取った。リースがアンネを見たのは、それが最後になった。

1945年4月15日、イギリス軍がベルゲン・ベルゼンを解放したとき、餓死寸前の人たちは6万人もいた。写真はそのときのユダヤ人女性たち。ここには1万人の遺体があった。

> 「わたしはみんなの役にたつか、みんなに喜びを与える人になりたい、会ったことのない人に対しても。
> わたしはずっと、死んだあとまで生き続けたい」
> ——アンネ・フランクの日記、1944年4月5日——

1945年3月
マルゴーとアンネ、数日違いで死亡。集団墓地に埋葬される。

1945年4月30日
アドルフ・ヒットラー、ドイツの敗北をさとって自殺。

このころ、マルゴーは赤痢にかかってひどい下痢を起こし、見る間に衰弱していった。アンネとマルゴーは、病人や瀕死の人が入れられる宿舎に移され、そこには水も食べ物もなかった。それでもリーンチェとヤニーが、何かあれば少しでも持ってきてくれた。

　収容所ではチフスが流行した。アンネもマルゴーも高熱を出し、重症のチフスで苦しんだ。小屋はこおりつくように寒く、アンネはドアを閉めてほしいと、ひっきりなしに頼んだ。マルゴーは寝棚から石の床に落ち、その後、亡くなった。

　服がシラミだらけになったアンネは、服を脱いで薄い毛布1枚だけにくるまっていた。そして3月、アンネは姉の死から数日後にこの世を去った。15歳だった。

隠れ家の人々の運命

隠れ家にいた8人のなかでホロコーストを生きのびたのは、アンネの父、オットー・フランクだけだった。

- ヘルマン・ファン・ペルス：1944年10月初旬、アウシュヴィッツで死亡。
- フリッツ・プフェファー：1944年12月20日、ドイツのノイエンガンメ強制収容所で死亡。
- エーディト・フランク：1945年1月6日、アウシュヴィッツで死亡。
- マルゴー・フランク：1945年3月、ベルゲン・ベルゼンで死亡。
- アンネ・フランク：1945年3月、ベルゲン・ベルゼンで死亡。
- アウグステ・ファン・ペルス：おそらく1945年4月9日から5月8日のあいだに、ドイツかチェコスロヴァキアで死亡。
- ペーター・ファン・ペルス：1945年5月5日、オーストリアのマウトハウゼン強制収容所で死亡。

リーンチェとヤニーが、病人用宿舎の裏でアンネとマルゴーの遺体を見つけ、集団墓地に埋葬した。この墓碑は、1999年、ベルゲン・ベルゼンに建てられた。

1945年5月7日
ドイツが連合国軍に降伏。8月には日本が降伏して、第2次世界大戦が終わる。

1945年6月3日
アンネの父オットー・フランクはアムステルダムに戻り、リース・ホースラル、ミープ・ヒース、ヤン・ヒースに再会する。

日記の行方

　アンネの父、オットー・フランクは1945年6月にアムステルダムに戻り、ミープとヤン・ヒース夫妻、クーフレル、クレイマンと再会した。オットーは妻エーディトの死は知っていたが、7月になって、リーンチェとヤニーから娘たちも死んだことを知らされた。リース・ホースラルがアンネと会ったときの話をしてくれ、ミープからはアンネの遺品として日記その他の書き物を渡された。日記を読めば、つらい思い出がよみがえる。それでもオットーは日記の出版を決意した。最初、あまりにも個人的な部分は省いたが、あとになってそれも入れることにした。こうして1947年に出版された『アンネの日記』は、その後も世界中で出版され続けた。

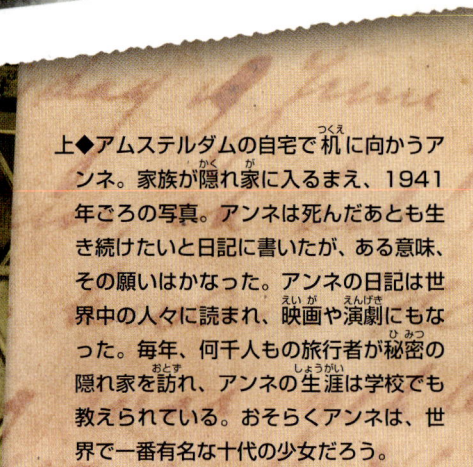

上◆アムステルダムの自宅で机に向かうアンネ。家族が隠れ家に入るまえ、1941年ごろの写真。アンネは死んだあとも生き続けたいと日記に書いたが、ある意味、その願いはかなった。アンネの日記は世界中の人々に読まれ、映画や演劇にもなった。毎年、何千人もの旅行者が秘密の隠れ家を訪れ、アンネの生涯は学校でも教えられている。おそらくアンネは、世界で一番有名な十代の少女だろう。

左◆かつて秘密の隠れ家だった場所に立つアンネの父、オットー・フランク。1960年、オペクタの事務所と隠れ家を含め、「アンネ・フランクの家」として公開された。オットーは1980年に死亡。

20th Century-Fox is Honoured to Present

GEORGE STEVENS' production of

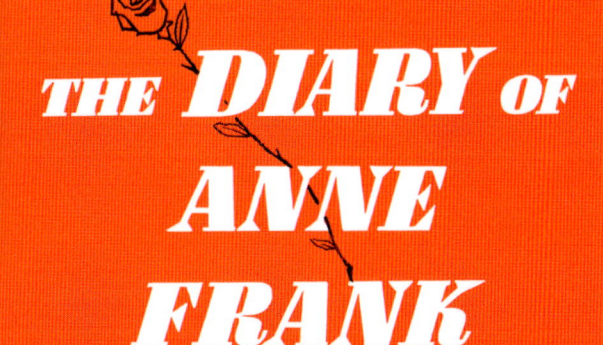

THE DIARY OF ANNE FRANK

MILLIE PERKINS as ANNE FRANK · JOSEPH SCHILDKRAUT · SHELLEY WINTERS
RICHARD BEYMER · GUSTI HUBER and ED WYNN

PRODUCED AND DIRECTED BY GEORGE STEVENS · SCREENPLAY BY FROM THE PLAY BY FRANCES GOODRICH AND ALBERT HACKETT

A 20TH CENTURY-FOX CinemaScope PICTURE

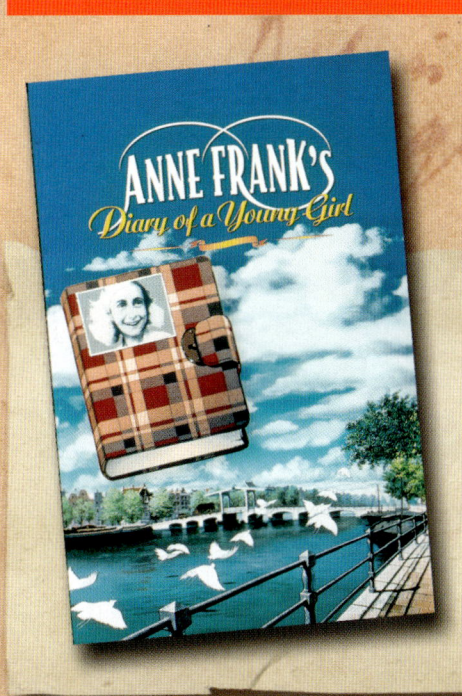

映画版の「アンネ・フランクの日記」は1959年に封切られた。シェリー・ウィンターズがファン・ペルスの妻を、ミリー・パーキンズがアンネを演じた。3部門でアカデミー賞を獲得し、公開初日にはオランダ王室も臨席した。

出版された日記

1947年にオランダで刊行されたアンネ・フランクの日記はたちまち売り切れて、1年もたたないうちに2刷り、3刷りと、重ねて出版された。1950年にはドイツ語とフランス語に訳され、その2年後にはイギリスとアメリカでも出版される。いまでは70もの言語に翻訳されて、3000万部以上が刷られている。ホロコーストで亡くなった子どもは150万人にものぼるが、アンネはそのなかでもっとも有名になった。

用語解説

アウシュヴィッツ強制収容所 ナチ党の「死の収容所」で最大のもの。約110万人のユダヤ人がアウシュヴィッツで殺された。現在のポーランドにある。

安息日 ユダヤ教では、金曜の日没まえから土曜の夜までを、休息と祈りの日とする。

イディッシュ 西ヨーロッパのユダヤ人が使いはじめた、ヘブライ語とドイツ語のまじった言語。

ヴェステルボルク強制収容所 オランダ北東部にあった集結センター。フランク家をはじめとするユダヤ人たちは、ここに輸送されたのち、アウシュヴィッツのような死の収容所に送られた。

解放 連合国軍によって、強制収容所にとらわれていた人たちが自由になること。

かぎ十字 古代から世界各地で使われていた飾り模様だが、ナチ党がこれをシンボルとし、現在のドイツでは禁止されている。

共産主義者 共産主義を信じている人や共産党の党員。工業も農業も人民が主体で行う、平等な社会をつくることが共産主義の目標。ナチ党は、ユダヤ人だけでなく、共産主義者も弾圧した。

強制輸送 ナチ党に占領された地域のユダヤ人が、労働収容所や死の収容所など、さまざまな収容所に送られること。

居留地（ゲットー） 町のなかで特別に囲われた地区で、ユダヤ人は強制的にそこで生活させられた。

ジェノサイド 集団虐殺。人種、民族、または宗教グループを滅ぼすために行われた。殺人はもとより、肉体や精神を痛めつける、生活できなくさせる、子どもを産めなくさせる、子どもを隔離するなどした。

強制収容所 ユダヤ人や共産主義者などが、ナチ党によって強制的に収容された施設。いくつか種類があり、「死の収容所（絶滅収容所）」では、収容者が毒ガスで殺されることが多かった。また「労働収容所」では過酷な労働をしいられ、ドイツ軍に必要なものをつくらされた。

自由派 改革派ともいい、ユダヤ法に厳密には従わないユダヤ教徒。

枢軸国 第2次世界大戦で、ドイツと同盟を結んだイタリア、日本などの国々。

過ぎ越しの祭　イスラエル人を奴隷にしていたエジプト人を神が罰したとき、イスラエル人の家には災いを起こさなかった（災いが過ぎ越した）ことを記念するユダヤ教の祭日。

ソヴィエト連邦（ソ連）　世界で最初の共産主義国家で、いまのロシアもかつてはここに含まれた。1922年から91年まで続いたが、現在はロシア、ウクライナ、ラトヴィア、エストニア、リトアニア、カザフスタンなどの国に分かれている。

ダビデの星　ナチ党がユダヤ人に身につけるように強制した、六角形の星の印。たいてい黄色だった。

チフス　細菌によって感染し、高熱や発疹をともなう。発疹チフス、腸チフス、パラチフスがある。

ナチ党　ドイツ国家社会労働党。1933年から45年にドイツを支配した、アドルフ・ヒットラーの率いる極端な思想の政党。

配給カード　戦争中など、食料が不足しているとき、それを購入することを許可する政府発行のカード。

ハヌカー祭　キリスト教のクリスマスと同じころに、8日間、祝われるユダヤ教の祭日。

パルチザン　こころざしを同じくする人たちからなる非正規軍。ゲリラ戦法で戦うことが多い。

反ユダヤ主義　ユダヤ人を排斥すること。

非武装地域　軍隊の活動が禁止されている地域。

ヘブライ語　ユダヤ教の書物で使われている言葉。いまのイスラエルでは国語になっている。

ベルゲン・ベルゼン強制収容所　ドイツ北部にあった強制収容所。ガス室はなかったが、チフスなどの病気が流行し、約半数が命をおとした。アンネとマルゴーはここで亡くなった。

ボイコット（排斥）　買ったり売ったり使ったりすることを拒むこと。

亡命者　自分の国で迫害されたり、身の危険を感じたりして、他国に避難した人。

ホロコースト　ナチス・ドイツによる組織的な迫害と殺害。600万人以上のユダヤ人が殺された。ギリシャ語でホロは「すべて」、カウストス（コースト）は「焼く」を意味している。

連合国　枢軸国（ドイツ、日本、イタリアなど）と戦った26の国々。おもな国は、イギリス、アメリカ合衆国、ソ連。

参考文献

The Diary of a Young Girl: Definitive Edition, Frank, Anne, ed. Otto Frank and Mirjam Pressler, published by Penguin Books, 2001

Tales from the Secret Annexe (stories, essays, fables and reminiscences written in hiding), Frank, Anne, published by Penguin Books, 1986

Anne Frank, Poole, Josephine, and Barrett, Angela, published by Hutchinson, 2005

Anne Frank's Story, Lee, Carol Ann, published by Puffin Books, 2001

Holocaust, Adams, Simon, published by Franklin Watts, 2005

Roses from the Earth: The Biography of Anne Frank, Lee, Carol Ann, published by Penguin Books, 2000

アンネ・フランク『アンネの日記』文藝春秋、2003年

キャロル・アンリー『アンネ・フランクの生涯』DHC、2002年

ミープ・ヒース『思い出のアンネ・フランク』文藝春秋、2003年

◆引用文の出典

p. 8 *The Diary of a Young Girl*, Penguin, 2001, p. 28

p. 21 *The Diary of a Young Girl*, Penguin, 2001, p. 7

p. 22 *Roses from the Earth*, Carol Ann Lee, Penguin, 2000, p. 31

p. 22 'Do You Remember? Reminiscences of My School Days', *Tales from the Secret Annexe*, Penguin, 1986, p. 93

p. 29 *Roses from the Earth*, Carol Ann Lee, Penguin, 2000, p. 34

p. 31 *The Diary of a Young Girl*, Penguin, 2001, p. 8

p. 34 *The Diary of a Young Girl*, Penguin, 2001, p. 1

p. 36 *The Diary of a Young Girl*, Penguin, 2001, p. 144

p. 39 *The Diary of a Young Girl*, Penguin, 2001, p. 68

p. 41 *The Diary of a Young Girl*, Penguin, 2001, p. 261

p. 44 *The Diary of a Young Girl*, Penguin, 2001, p. 294

p. 53 *Roses from the Earth*, Carol Ann Lee, Penguin, 2000, p. 176

p. 54 *Roses from the Earth*, Carol Ann Lee, Penguin, 2000, p. 181

p. 56 *The Diary of a Young Girl*, Penguin, 2001, p. 250

◆関連ウェブサイト

www.annefrank.ch
アンネのいとこ、バディー・エリーアスが代表を務めるアンネ・フランク財団（スイスのバーゼル）

www.annefrank.org
「アンネ・フランクの家」（オランダのアムステルダム）

www.annefrank.com
アンネ・フランク・センター（アメリカ合衆国）

www.ushmm.org/wlc/en/
アメリカ・ホロコースト記念博物館

www.teacheroz.com/holocaust.htm
ホロコーストに関する情報を提供

www.fcit.usf.edu/Holocaust/people/children.htm
ホロコーストを体験した子どもたちに関するサイト

www.urban.ne.jp/home/hecjpn/
ホロコースト記念館（広島県福山市）。アンネ・フランク展示室がある。

索　引

◎あ

アーヘン… 8, 9, 11, 13, 14, 17, 25, 26

アウシュヴィッツ… 35, 42, 43, 48, 51～54, 57

アムステルダム… 11, 17, 20, 21, 24, 25, 28～30, 34, 35, 36, 37, 42, 55, 58

アメリカ合衆国… 34, 59

安息日（ユダヤ教）… 10, 25, 41

アンネ・フランクの家… 58

『いいパウラと悪いパウラ』… 14

イギリス… 24, 25, 27, 29, 30, 34, 35, 38, 39, 55, 56, 59

イタリア… 24, 31, 40, 41

ヴァンゼー会議… 34

ヴェステルボルク… 37, 42, 50, 51, 54

『裏の家』… 45

エリーアス、エーリヒ… 17

エリーアス、シュテファン… 12, 17

エリーアス、バディー… 12, 13, 15, 17, 28

エル・アラメイン… 38

オーストリア… 8, 11, 21, 25, 57

オペクタ… 17, 20, 21, 58

オランダ… 10, 11, 17, 20, 21, 23, 24, 30, 31, 34, 35, 37, 39, 41, 42, 44, 45, 48, 50, 51, 54, 59

索 引

◎か
カーン、エルンスト…35
カポ…52
キティー…45
共産主義…16, 42
強制収容所…24, 26, 28, 34, 39, 42, 43, 51, 53, 54, 57
居留地…9, 10
クーフレル、ヴィクトル…21, 34, 38, 48, 58
クリスタルナハト…26〜29
グリンズパン、ハーシェル…26
クレイマン、ヨハンネス…28, 34, 38, 48, 58
ゲシュタポ…16, 48
ゲットー ⇨ 居留地
子ども輸送車…27
コブラ作戦…49
ゴルドスタイン・ファン・クリーフ、ロニー…53

◎さ
三国同盟…31
ザントルーシッツ、ミープ…21, 29, 31 ⇨ ヒース、ミープ
ジクロンB…42
死の行軍…50
授権法…16
贖罪の日…10
ジルバーバウアー、カール…48, 49
親衛隊（SS）…26
スイス…11, 17, 36
過越しの祭…10, 11, 25
ソビボル…35, 42
ソ連（ソヴィエト連邦）…42, 48, 51, 52, 54

◎た
大恐慌……15
第2次世界大戦／終結…57
第2次世界大戦／勃発…30
ダッハウ…42
ダビデの星…27, 30
チェコスロヴァキア…25, 29, 57
血の粛清…21
チフス…54, 57
ドイツ…8, 9, 10〜17, 20〜27, 29〜31, 34, 35, 38, 39, 42, 43, 48, 50, 53〜57, 59
ドイツ国家社会労働党…10
突撃隊…12, 16
ドレスデン…55
トレブリンカ…35, 42

◎な
ナチ党…10, 12, 16, 17, 21〜23, 42, 48
日本…31, 34, 57
ニュルンベルク…16
ニュルンベルク法…22
ヌスバウム、ツフィー…43
ノイエンガンメ…42

◎は
パーキンズ、ミリー…59
パール・ハーバー…34
ハイドリヒ、ラインハルト…34
ハヌカー祭…10, 39, 55
パリ…26, 53
ハンガリー…42
反ユダヤ主義…10
ヒース、ミープ…34, 35, 38, 40, 41, 45, 48, 49, 57, 58
ヒース、ヤン…29, 31, 34, 35, 38, 57, 58
ヒース商会…31, 36
ヒットラー、アドルフ…8, 10, 12, 16, 21, 23〜26, 29, 56
ヒットラー青少年団（ヒットラー・ユーゲント）…17
『秘密の隠れ家からの物語』…44
ファン・ペルス…23, 28, 29, 34, 36〜39, 49, 51, 52, 55〜57, 59
ブーヘンヴァルト…42, 43
フォスキュイル、ベップ…34, 38, 45, 48
プフェファー、フリッツ…29, 36, 38〜40, 49, 51, 53, 57
フランク、エーディト…9, 14, 17 ⇨ ホーレンダー、エーディト
フランク、オットー…8, 9, 12〜15, 17, 20〜22, 25, 28, 29, 31, 34〜39, 41, 49, 53, 54, 57, 58
フランク、ヘアベルト…8, 17
フランク、マルゴー・ベティ…9, 12〜15, 17, 21, 22, 25, 28〜31, 35, 36, 38, 41, 45, 48, 51, 53, 54, 56, 57
フランク、レーニ…8, 17
フランク、ローベルト…8, 17

フランク・シュテルン、アリーセ…8, 17
フランクフルト…8, 9, 11, 13, 14, 16, 20
フランス…10, 11, 17, 22, 29, 30, 42, 48
ブリレスレイペル、ヤニー…51, 54, 57, 58
ブリレスレイペル、リーンチェ…51, 54, 55, 57, 58
ブルガリア…51
ヘウムノ…42
ペクタコン…28
ヘブライ語…25
ベルゲン・ベルゼン…42, 53, 55
ベルゼック…42
ベルリン…11
ホースラル、ハンネリ…24, 55 ⇨ リース
ポーランド…11, 26, 27, 29, 30, 35, 42, 48, 53
ホーレンダー、エーディト…8, 9, 13
ホーレンダー、ローザ…29, 34
ホロコースト…26, 42, 59

◎ま
マイダネク…42, 48
マウトハウゼン…42
マルクスフェルト、シシー・ファン…45
ミュンヘン条約…25
民族国家保護法…16
ムッソリーニ、ベニート…24
モンテッソーリ学院…20, 22

◎や
ユダヤ教会…10, 14, 25, 26
ユダヤ人（ヨーロッパの）…10
ユダヤ人狩り…35
ユダヤ人小路…9
ヨーゼフ・メンゲレ…53
『ヨープ・テル・ヒュール』…45

◎ら
リース…24, 25, 28, 31, 36, 55, 56, 58
レーデルマン、サンネ…24
ローマ・ベルリン枢軸…24

◎わ
ワルシャワ（居留地）…43
ワルシャワ蜂起…40

アン・クレイマー Ann Kramer
歴史学で名誉学位を取得後、30年余にわたって執筆、編集にたずさわる。イギリスのイースト・エセックス在住。
主な著書に『アキテーヌのエレノア Eleanor of Aquitaine』『マンデラ Mandela』(ナショナル・ジオグラフィック世界伝記シリーズ)、『女と戦争 Women and War』『女と政治 Women and Politics』他。

翻訳◎小木曽絢子（おぎそあやこ）
東京女子大学文学部英米文学科卒。翻訳家。
主な訳書に、L.M.ビジョルド『戦士志願』、S.バクスター『虚空のリング』(以上、東京創元社)他。

協力◎ダン・ストーン Dan Stone
ロンドン大学ロイヤル・ホロウェイ校教授（現代史）。ホロコーストに関する著作は数多い。
主な著書に『ホロコーストの歴史学 Historiography of the Holocaust』『歴史と記憶、そして集団殺戮——ホロコーストと大量虐殺にまつわるエッセイ History, Memory and Mass Atrocity: Essays on the Holocaust and Genocide』他。

謝辞・クレジット

Sources: Getty/AFFB = Getty/Anne Frank–Fonds, Basel/Anne Frank House, Amsterdam

B = bottom, C = centre, T = top

Front cover: Getty/AFFB.

1 Getty/AFFB; **3** Getty/AFFB; **7** Getty/AFFB; **8** Getty/AFFB; **9** Getty/AFFB; **10B** AKG Images/Abraham Pisarek; **10C** Corbis/Richard T Nowitz; **11** AKG Images/Abraham Pisarek; **13** Getty/AFFB; **14–15** Getty/AFFB; **16** AKG Images; **17** Scala, Florence/HIP; **19** Getty/AFFB; **20–21** Getty/AFFB; **23** Getty/AFFB; **24** Getty/AFFB; **25** United States Holocaust Memorial Museum; **26** AKG Images; **27** Getty/Hulton Archive; **28** Getty/AFFB; **29** Ronald Grant Archives; **30** Getty/Hulton Archive; **33–38** Getty/AFFB; **39** AKG Images/Michael Teller; **40** Getty/AFFB; **41** Ronald Grant Archives; **42–43B** AKG Images; **43T** Art Archive/National Archives, Washington; **43C** AKG Images; **45** Getty/AFFB; **47** Corbis/Carmen Redondo; **49** Getty/AFFB; **50** Herinneringscentrum Kamp Westerbork/Nederlands Instituut voor Oorlogsdocumentatie; **52** AKG Images; **55** United States Holocaust Memorial Museum/Maurice Raynor; **56** The Research House; **57** Alamy/David Crausby; **58T** Getty/AFFB; **58B** Getty Images; **59** Ronald Grant Archives.

The publishers would particularly like to thank Buddy Elias, Christoph Knoch, and all at the Anne Frank–Fonds, Basel and the Anne Frank House, Amsterdam.